陸生元年

木馬屠城？楚材晉用？

黃重豪・賈士麟・藺桃・葉家興／著

一本時代洪流之下，命運與命運交匯之書

陸生元年

寫在書前

推薦序　搭起兩岸未來的橋樑

王振寰

一九四九年國共內戰失利國府遷台，超過百萬人隨政府來台，自此台灣與大陸幾乎完全隔離。一九八七年十一月，國民黨政府正式開放民眾赴大陸探親，開啟兩岸近四十年隔絕的藩籬；緊接著，一九九〇年代大量台商赴大陸投資，兩岸關係愈來愈密切。隨著兩岸關係趨於和緩，有愈來愈多的大陸民眾穿梭於台海兩岸，從探親、學術交流、觀光旅遊、從二〇一一年開始，終於有大陸學生在台灣正式就學，開啟兩岸交流的新契機。與之前的兩岸交流不同，這些學生將在台灣度過大學或研究生的生涯，與台灣同學共同上學、生活，甚至未來有很大可能，會與台灣同學譜下戀曲進而結婚生子。以上所有的交流都對兩岸關係有所影響，但從長遠發展的角度而言，無疑的陸生來台就學的影響，將更深更遠。葉家興教授與黃重豪、賈士麟、藺桃三位同學的「陸生元年」記錄了這個歷史時刻，為兩岸的歷史發展留下了重大的見證。

由於長期時空的隔閡，兩岸人民在相互接觸的初期，有很多的不瞭解和誤解，在用語上也有很大的差異。但這些誤解和差異，並非不能化解，只要有多一些的互動，多一些的同情和理解，很多的誤解都可冰釋。在這本《陸生元年》中，有很多鮮活的例子，提到了兩岸學生在接觸之前的不安和猜疑，甚至有大陸同學的家長，覺得台灣非常不安全（透過大陸媒體的渲染），每天吵吵鬧鬧，因此並不鼓勵他們來台灣唸書。然而這樣的誤解，當大陸同學親身處於台灣，與本地同學互動過程中很快地獲得化解，並更進一步的理解台灣民主政治與經濟發展的軌跡。相對的，台灣的同學也透過了與大陸同學的接觸，而瞭解到大陸的快速發展，以及他們的社會經濟狀況。

高等教育追求的是知識創新和人才培育。知識無國界，國外一流大學的學生，通常來自全世界，也會用高額的獎學金來吸引全世界最優秀的學生。美國二次戰後國力的強盛，就是因為有大批全球一流人才留學該國，而且許多人選擇留下來為美國效力。而那些回到母國的留學生，也成為美國「價值」的代言人。開放的社會應該有雅量容納各式人才，並為本地社會帶來刺激。台灣的經濟發展和民主政治，有很大成分，也是受到戰後留美回國服務人才的影響。今日的台灣社會，對於吸引陸生來台還有些爭議，仍不夠開放，這顯示了台灣社會不夠有自信，不相信我們的教育和我們的民主制度，是有能力潛移默化大陸的同學，同時也不願意想像我們的教育可以為中國走向民主培育優秀的人才。

台灣面積雖然不大，經濟上也顯現對大陸高度的依賴，造成了台灣社會現今面對中國缺乏自信。但我們應該相信人類是有普世的文明和價值，這些年來台灣的政治社會文化發展，足以讓大陸同學欣賞台灣在華人世界中的領先地位。更何況在大陸同學眼中，我們老師學術研究能力有世界的水準，我們的高等教育體制相當先進而且國際化。台灣應該深具信心，我們存在的意義，對廣大的大陸民眾具有啟發作用。我們的教育對陸生開放，應該可以更大膽、更有前瞻性，因為這不只是台灣的教育體制而已，而是關係著全球華人的未來。

中國歷史上改朝換代、分分合合的狀況很多，在大時代的變動中，個人的生命歷程雖然卑微，但卻是構成大歷史的一部份。兩岸的大歷史正在由穿梭於海峽兩岸的每一個人的小歷史堆砌而成。這本書的出版，見證了只有加強接觸，才能建立起相互瞭解，減少誤解和摩擦。陸生來台就讀的確搭起了兩岸年輕人互動的橋樑，也為兩岸的未來，建立了溝通的管道。或許未來大陸的領導階層會有台灣的留學生呢！我們且樂觀期待。

*王振寰，講座教授，國立政治大學中國大陸研究中心主任

二〇一三年一月三日

推薦序　不入修羅場，焉得金剛身

朱學恆

我經常到處演講，在數百場次的經驗中，在兩岸做過的演講比例大概是大陸一場對上台灣八場左右。光是在演講經驗中可以分享的兩岸不同之處就十分之多。我去過台灣最頂尖的學府演講，活動既沒有強迫，也不點名，也沒有學分，更沒有什麼時數抵免；但有位同學一進來就趴著睡覺，中間醒來左右看看又繼續睡，絲毫沒有想加入討論的動作，甚至當我直接對她提問，為她解釋我所問的問題（因為她睡覺錯過了），她最後依舊懶散的拒絕回答問題，我只好當場請她離開。

這件事情讓我困惑的倒不是什麼尊師重道的議題，我是專業演講者，就算台下全倒光了我還是拿一樣的錢，尊重又不能當飯吃。

但我真正困惑的是，她幹嘛要來？或者是更簡單一點的問，她幹嘛要讀大學？

而這也是我詢問許多台灣大學生，卻得不到什麼真正屬於他們答案的一個關鍵問題。

因為很多台灣的大學生讀大學是為了父母的期待、主流價值告訴他們一定要這樣做，所以當他們完成這輩子被告知一定要做的事情之後，接下來反而不知道該怎麼做了。

讀大學，到底是為誰讀的？

為了推廣開放式課程，我在大陸則是在超過二十所以上的大學演講次數大概是五十次以上，透過跟學生社團活動，一次又一次的把演講很艱難的辦起來。（因為只能跟學生社團合作，他們多半很不容易借到場地，借到了也不會是最理想的場地）

所以有的時候演講一開始，場內只有稀稀疏疏十幾個人（因為只能靠學生社團宣傳，效果通常不好），甚至還有根本不是來聽演講，只是因為這邊有個空教室，他想要來這邊看書準備考試，所以找個位置坐下來的學生。

但是，從無例外的，我的聽眾都會越來越多，不管是在復旦大學的溫書教室，或是在同濟大學的工科大樓，北京大學的小小課堂，同學們會慢慢的聚攏來，不管是他剛好在隔壁聽到這裡很吵，或者是經過走廊一時好奇停了下來，他們都會主動願意來參加演講。我曾經問過他們原因，他們的答案很簡單，這演講免費，看起來又很精彩，為什麼不來聽聽看呢？反正一定沒有損失啊。

而我在幾年前推廣開放式課程的許多演講和內容時，很多大陸的學生跟我反應，內容很好，但是因為校內網路太慢，下載太久，根本沒辦法上我們的網站去使用和觀看。我們想出來的折衷方案就是把演講內容整理成報紙模式的開本，把影片複製到光碟裡面，請同學幫忙發到大學的每一個寢室去。光是這麼克難的作法，我們每個月就可以至少發出一萬份，也有很多人回應這讓他看到截然不同的知識和可能性。甚至鼎盛時期，我們的開放式課程的義工和使用者在兩岸各佔一半，然後還有好幾次因為我們推出的演講太受歡迎，整個機器被大量上來下載的大陸網友給擠爆了。

你可別以為我要拿這些所見所聞來說教。說什麼台灣學生不夠勤奮，真是該跟大陸學生學學才對。不，我認為這些事物必須要親自經歷之後才會獲得答案。

因為我認為台灣的教育界現在最需要的是競爭。你如果不能把這些學生們推上國際舞台，你就必須要想辦法讓國際舞台拉到他們面前。

不管我們這些大人看到什麼，對新一代學生只是單純的苦口婆心都是沒有用的。你得讓他們接觸新的刺激、接觸新的可能、接觸新的知識和新的生活模式。

不入修羅場，焉得金剛身。

台灣的大學教育已經把幾乎所有的競爭和磨練通通延遲到畢業之後：課堂給分當太多人會讓學生滿意度太低，學校還要輔導老師；我的一個朋友在學校開早上八點的課，某天一到現場發現一個學生都沒有，於是他決定反省自己。私立學校還有提前一週給學生來上看看課程內容的「預覽服務」，只要學生聽了覺得不滿意，或者是老師比較嚴格，落跑退選的人就會多到讓課開不成。

所以，讓新血可以注入台灣的教育界絕對是正確的，因為那會把真正的競爭帶到學校裡，而不是一味的逃避把磨練年輕人的環境和狀況設定到一切都舒適無比，過著爽歪歪的生活。只有進入社會之後才開始讓他們自己摸索，開始提昇自己符合企業的需求。

台灣的教育體系不願、也不敢設計出真正鍛鍊學生的環境和課程，難怪台灣的企業永遠抱怨找不到適合的人才。

但是，既然要把這股注入的新力量為台灣社會所用，你就必須有尊嚴、公平的對待他們。任何的過度歧視或是過度保護都無法把這類衝擊性的力量發揮到最大。

所以有幾件現行的作法我是很反對的：

一、大陸來的學生就是留學生，稱呼「陸生」目的就是在於特化他們。經過特化的力量是沒有辦法真正融入社會和帶來衝擊的。（當然我理解書名和面對一般人時解釋的必要性，但我真的很討厭把蔬菜稱做大陸妹。）

二、把他們當作台灣很多學校招生不足的解決方案。拜託，這些學校如果在台灣招不到學生，你怎麼能夠期待它們可以賣給任何一地來的留學生？台灣的教育就是不夠市場化，這些招生有問題的學校如果不能融入市場機制，那就表示該被淘汰。難道推廣觀光的意義是把台灣人不要的東西賣給觀光客？或者是把台灣人不需要的學術商品賣給留學生？

三、持平的對待留學生才能讓他們發揮競爭力（和強迫把台灣學生拉入競爭的效果）。也就是說你既不該特別補貼他們，也不該特別貶抑他們。不久前的健保爭議，我主要的反對點是政府不該特定針對大陸留學生補貼健保，每個人不過補貼五百元，大陸的留學生是負擔的起的。其他所有的三限六不我認為除非政客們可以解釋大陸留學生在某些議題上「特別」容易造成台灣人權益受損，否則我覺得都沒有意義。而為了吸納人才所該給的獎學金、工讀金也都該給。你不優先解決台灣有大量的學生申請學貸去讀他跟本不想要讀的大學的問題，只是斤斤計較留學生該不該打工，該不該領獎學金，只是同樣避而不見真正最大的問題而已！

對台灣的學生我要說：孩子，這些競爭你們遲早要面對的，有更多時間準備，有更多緩衝期讓你跌倒再站起來絕對是好事。不要害怕競爭和新的力量，殺不死你的，只會讓你變得更堅強。

對大陸來台灣的留學生我要說：孩子，不要太過浪漫化看待台灣和台灣人。你說的在台北街頭看不到垃圾桶對我們是很不方便的事情啊！害我經常要找百貨公司或是超商丟垃圾啊！請好好享受和經歷台灣的一切吧！

你知道的，如果台灣學生都搶後三排，大陸留學生都搶前三排，這樣教室就會平均坐滿了，不是嗎？台灣自始自終就是包容各種各樣外來新血的土地啊！從荷蘭人、西班牙人、鄭成功、漳州泉州的羅漢腳們、日本殖民者、中華民國政府等等，一個又一個的外來力量，不也是一次又一次的提升了我們的包含力和生物多樣性嗎？

對於留學生（來自任何地方），除了怕我們吸引力不夠之外，我們有什麼好怕的呢？

＊朱學恆，奇幻文化藝術基金會執行長，開放式課程計畫義工。

推薦序　跨境人才競爭別落人後

李紀綱

在美國和香港工作二十多年，特別是在這幾年來往新加坡和兩岸三地，發現愈來愈多台灣人在海外工作，在香港機場聽到台灣口音的機會愈來愈多。原地踏步的台灣，已經牽不住愈來愈多台灣年輕人。但風箏愈飛愈遠，有一天，線就斷了。為什麼愈來愈多我們的同胞在外面流浪？

當年我被紐約總部派到亞洲開疆闢土，我的第一站就是故鄉台灣。但制度的各種牽絆，最後亞洲總部只能設在租金成本高昂的香港。在香港雇用了七十多名員工，大學剛畢業起薪合大約五萬六（新台幣，下同），有兩年以上經驗的台幣七萬八起跳，碩士文憑則直接開價八萬八。而新加坡的辦公室略小，兩名大學剛畢業的員工，起薪約五萬；一名經理，拿台幣三十五萬薪水才請得動。

現在服務的盛寶金融，母公司是一家丹麥銀行，但我的團隊裡，除了台灣人、香港人，還有大陸人、新加坡人，來自世界不同角落的人，可以輕易地結合在一家外資金融機構的香港分公司共事。四小龍中，香港、新加坡、韓國都鬆綁法規，在全球招才攬才，沒太多限制，人才流動早已習慣。在台灣，這種事情有可能嗎？

在台灣朝野、政論名嘴互相推卸責任，指責對方要為年輕人二十二K的低薪負責時，大家好像忽略了，愈是不歡迎外來人才、資金、技術，愈是缺乏人才流動的地方，就愈沒有薪資成長的空間。所以關鍵在哪？在制度、在法令、更在台灣社會的排外心態。

也難怪，台灣愈來愈多有志的年輕人，把觸角伸向海外。他們吃膩了家鄉的清粥小菜，想到更大的舞台嚐嚐生猛海鮮。

在忙碌的教學、研究中，葉家興教授能夠排除萬難，投入心力完成這本《陸生元年》，他和另三位作者的用心令人佩服。招收陸生會給台灣的年輕人帶來一些刺激和改變，但前提是這些陸生必須也是優秀的。如果在開始的前幾年，政府和民間沒給陸生足夠的支持和打氣，甚至歧視他們，以後優秀的陸生就不會考慮台灣了。到時台灣招再多的陸生也都只有收學費的意義，欠缺刺激兩岸進步的意義了。

因此，本書幫助台灣社會喚起對陸生的重視，給陸生們打氣，也透過詳實採訪介紹，給台灣社會更好、更客觀、更包容地認識陸生的機會。讓台灣的陸生政策別淪落到只能吸引三流學生的地步，讓台灣可以像人才磁場的磁心，透過招收源源不絕的優秀大陸知識青年到台灣，進而把台灣招才攬才的大門打開，與世界共同成長、進步。

美國最具價值的進口，就是外來的高學歷年輕移民。良好的人力資源，是知識經濟前進的動力。移民不但增加人口和勞動力，高技術移民更增加了科技創新、創造就業與刺激經濟的力量。《陸生元年》書中雖然對「六不」中的「不得工作」、「不得就業」沒有太多著墨，但相信這本書的出版，會讓我們更加重視跨境人才流動的競爭問題，刺激政府和民間積極思考爭取跨境優秀人才的辦法。

在此誠意推薦！

＊李紀綱，SAXO盛寶金融大中華區董事總經理。

推薦序　《陸生元年》為陸生政策解除迷魅

李慶琦

在台灣，任何牽涉到中國大陸的議題都很敏感。一般大眾由於缺乏充份的資訊，很容易受到枱面上政治人物的影響，而形成對議題意見的嚴重兩極化。要避免情緒化的對立，唯有對社會大眾提供充足的資訊，以便他們對議題做獨立的判斷。

很不幸的，台灣的政治人物在這方面的作為經常讓人詬病，所提供的往往不是偏頗的，就是生澀、冗長、枯燥乏味的說帖。這樣的資訊很難讓一般大眾對議題有全面的認識，或甚至根本無法引起他們閱讀的興趣。因此，由一位中立者提供，並以能引起大眾閱讀興趣的方式表達的資訊，就顯得格外重要。

我很高興的看到，《陸生元年》正是一本符合這些條件的好書。透過廣泛的訪談，本書將陸生在台灣讀書的生活點滴、感觸、困擾等，以生動的方式描寫出來，然後再嚴肅的提出「制定合理陸生政策」的議題。看完這本書後，相信大家無論對陸生政策的看法如何，至少能對這個議題有一個較全面的認識。

＊李慶琦，香港中文大學企業經濟與決策科學系教授。

推薦序　高教是台灣的軟實力

林建甫

葉家興是我一九九二年回台大教書第一年的碩士班導生。他畢業後赴美拿了UW-Madison的精算博士，在香港中文大學教書，但與我領域畢竟不太相同，不常謀面。近年常讀到他在蘋果日報的專欄，覺得他關懷社會，其心可佩；其針砭時政，立論有據，常有一家之言。

最近因緣際會和葉家興倒是密集的見面起來，從外頭的學術研討會、系裡同仁的討論會，到私下朋友的聚會。連續的見面，閒聊之下，讓我對他這幾年的工作，更加佩服。趕巧碰上他的新書《陸生元年》即將出版，一睹為快之下，更要幫他做個推薦序。

我在還沒到美國之前，就很喜歡讀別人的留學故事。胡適的綺色佳（康乃爾）留學生活、徐志摩的再別康橋，陳之藩的劍河倒影，趙茶房（趙寧）的留美生活……，都影響了日後我赴美讀博士的決定，也讓我對留學的準備過程、留學生活遇到的困難，有心理準備，進而一一克服，順利完成學業，返台服務。因此對於本書中陸生們如何準備到台讀書的心路歷程及之後的種種遭遇，心有所感。一口氣讀完，幾種圖像在腦中盤旋，心中更是震盪不已。

這幾年在台大高研院的工作，接待不少大陸的學者，知道大陸朋友對於近在咫尺的台灣，卻是非常的遙遠，因為兩岸都設下的重重關卡。但從辦手續的觀點，對陸生而言，顯然更麻煩許多，而且這些麻煩都是要年輕人去承擔，有點過度考驗。從申請開始是一連串的未知，而錄取才是克服困難的開始。體檢、文件公證、戶口戶籍的證明……，到拿到「赴台證」、「入台證」都要過五關斬六將。因此第一批的「遣台使」能來台就學，的確是相當的不容易。

《陸生元年》談的是學生的故事。因為是年輕，所以有青春的悸動；因為是不同的成長背景，所以有更多的對比反差。因此這本書的故事，也就特別地吸引人。然而這本書不但是人的介紹，也是制度的探討。書中藉著學生的足跡及視野，點出了精彩的第五章：台灣，故鄉或異鄉？第六章：台灣，過去或未來？從書中我們更可以看得到兩岸的問題，尤其是台灣對於大陸政策的演變及掙扎。

我的感覺，兩岸融合是不可擋的大趨勢。因為語言相同、文化相同，生活習慣相類似，而且兩岸人民所追求的富裕、民主、自由也沒什麼兩樣。但兩岸政府和制度的矛盾是短時間內是無法解決的問題。因此我們都在寫歷史，也都在見證歷史巨輪的轉動。而目前最大的難題是誠如書本最後一章所說的：台灣在怕什麼？台灣應該更自信。

目前台灣有一百六十多所大學，是一九八〇年代以前一年四十萬名新生兒的產物。但到一九九〇年代新生兒就不到三十萬，現在更下降到不到二十萬人。所以未來台灣的大學應該要關掉一半。因應關校最慘的是大學的工作機會一定大大減少，這包括職員與老師。因此連教授都可能失業，這個問題不可謂不嚴重。如何解決？大量吸收大陸學生應是解決問題的不二法門。個人覺得台灣一百六十多所大學，基本上都有大陸「二一一工程」學校的水準。公立五十三所更與「九八五工程」的水準相當，自然可以吸引大量陸生。只是我們應打開三限六不的禁令，不要畫地自限。

現今台灣經濟困頓，我們更應讓台灣的高等教育產業化。高等教育產業不但可以解決台灣高等教育「閒置產能」的問題，也可以發達經濟並擴大台灣軟實力在大陸的影響力。更重要的，台灣的作育大陸英才，可以確保兩岸的和平發展，共享兩岸和平的紅利。

＊林建甫，台大經濟系教授、台大人文社會高等研究院副院長、海基會顧問。

二〇一二年十二月三十一日

推薦序　歷史長河迂迴流過

高承恕

在沒有認識葉家興教授之前，就讀過他在報紙專欄的文章，印象裡就是一位關心大社會的熱情知識份子。後來在偶然的機會，透過交通大學張維安教授的引介，邀到葉教授演講，講題就是「陸生元年」。聽了演講，十分感動，大有相見恨晚之慨。在時代裡，這類的學者要多加肯定，多加鼓勵。

從長期歷史來看，我們正處於一個大時代，一個大轉折的時代。然而當前整個學術的、政治的、文化媒體的氛圍卻又淹沒在每日無關緊要的細瑣事件中。初讀《陸生元年》初稿，看似許多經驗故事，無關宏旨；深一層去想，這正揭示著一個新時代的來臨。過去大半個世紀，兩岸一直處於一種「準戰爭」的狀態，真正有交流也不過二十年的光景。幾年前，陸生可以來台唸書，這對兩岸而言都是大突破。其重要性決不下於直航的影響。只是教育不是立竿見影，不似經貿變化的直接，往往也就被眾人忽略。

透過教育，透過兩岸青年學子直接的相互學習是邁向未來和平發展的根本之道。但這是一條漫長的道路。它需要長時間持續的累積與努力。「百年樹人」不只是造就個人，它更是打造一個新的民族命運。

葉教授與黃重豪、賈士麟、藺桃幾位年輕學者共為這一個大時代作了一份紀錄，不但可喜可賀，更是可貴。多年之後，再回頭看看，這歷史的長河是曾經怎樣迂迴地流過。

＊高承恕，逢甲大學副董事長、經營管理學院講座教授、東海大學社會學系榮譽教授。

推薦序　一個新紀元的開始

梅家玲

「留學」之於中國近代教育文化方面的影響深遠，早就是眾所公認的事實。著名的教育學家舒新城的《中國近代留學史》一書，開宗明義便提到：「無留學生，中國的新教育與新文化決不至有今日。」的確，從晚清到五四；從容閎、詹天佑，到宋美齡、胡適、魯迅、許壽裳，一連串曾經在近現代史上產生過重大影響力的人物，都曾經有過不同的異域留學經驗。這些經驗，不只是個人生命的一部分，同時也滲透到整個國家社會的發展進程之中，成為不斷自我新變的內在驅力。

從這樣的角度來看「陸生來台」，因此特別具有時代性的意義。兩岸睽隔半世紀，隔閡猜忌在所難免，然而藉由教育文化方面的交流互動，則是能從根本上促進彼此了解。回顧過去二十多年來，大陸已有不少研究生，透過陸委會「中華發展基金會」的獎助來台進行研究資料蒐集；近幾年，也有大學部的學生，循由「交換生」管道來此。無論是修習課程，參與校內外各類活動；或是走訪名勝，體驗在地生活，雖然每人停留時間最多不過幾個月，卻不僅與台灣的師生朋友們建立起深厚情誼，回去之後，每每還會延伸出對台灣相關事務的興趣與關切，進而多所發揮。以個人經驗為例，多年前，由我協助指導的一位復旦大學中文系博士生，正是在短期留台研習之後，回去致力於台灣原住民文學的研究，如今，任職於中國社科院的她，已是大陸學界相當受到肯定的台灣文學研究者之一了。

而這樣的效應，在開放陸生來台修讀學位之後，又將會有怎樣的變化呢？二〇一一年，是為開放陸生來台正式就讀的第一年；陸生在此，不再只是短期過客，而是可以與本地學生同窗共讀，享有同樣的修業年限與權利。這批來台的陸生，各有著什麼樣的背景與經歷？懷抱著什麼樣的心情與目的？他們將會如何在台灣銘刻下自我的青春記憶？而台灣在地的學生們，是否也會因此而對彼岸產生不同的認識與了解？由葉家興教授所策畫的《陸生元年》，正是藉由大量的訪談，試圖勾勒這其間的點點滴滴。即或未必面面俱到，卻是真誠而珍貴的紀錄，在中國留學史與兩岸交流史上，都具有一定的意義。

「陸生元年」，意味著一個新紀元的開始，它未來的發展，值得我們持續關注，拭目以待。

二〇一二年秋，於台大文學院研究室

＊梅家玲，台灣大學台灣文學研究所所長。

推薦序　懷念我的陸生良師益友

張華平

「陸生」，對我來說是個既陌生又熟悉的稱呼。回想在美國留學的時光中，自己也被老美稱為「台生」，在我身旁的又有許許多多的「陸生」，而大夥又被總稱為「老中」。那段時光，是一個混合了「台生」與「陸生」的求學過程。

還記得在威斯康辛大學念碩士時，在研究上給我許多協助的，就是同實驗室來自上海交大的「陸生」。當時也曾遇到過歷經文革後出國的「老陸生」，從他們身上看到人生的滄桑，及他們為研究求取知識的渴望與努力。而後，在我職業生涯的最大轉折時刻，也是在一位當年麻省理工學院攻讀博士時的研究室同學（復旦大學畢業的陸生）鼎力協助及鼓勵下，從工程相關工作轉戰金融領域。

歷經十數寒暑，至今每每有人好奇地問我為何轉入金融這行時，我總會談起這段往事。所以「陸生」朋友對我的影響，不僅是學術上的研究夥伴，也是金融專業生涯裡的良師益友。他們的協助與關懷，協助我度過在青澀歲月中求學及職場的困頓期。

或許有不少人會說，陸生來台會瓜分台生資源、降低水平……等等，我認為恰恰相反。他們的加入會豐富我們的文化與思考，帶入更多的資源與刺激。就像當初我們這些「老中」在美國唸書時，也曾聽到老美的社會討論著相同的議題。但反觀美國正也因是個文化大熔爐，吸收了各國的精英與知識，方造就了美國的多元性及強大的國力。相同地，有人說我們「教育敵人的子弟」，個人覺得我們反而應該這麼想：「就算是敵人的子弟，也可以教育他們變成我們的朋友」。交流過程中，因隔閡而產生敵意，因溝通而產生友誼。「四海之內皆兄弟」這句話不也正是老祖宗所給予我們的智慧嗎？

《陸生元年》正敘述著一個與我們這些中生代類似的場景，只是地點搬回台灣，而影響的是台灣。至於台灣是否能像當時的美國，以納百川的胸懷接納陸生，從而促進台灣向上與對外的發展，端看我們接下來的智慧與應對考驗的能力。

＊張華平博士，中華信用評等公司總經理。

推薦序　兩岸少年「派」的奇幻旅程

黃旭宏

青春就是衝動、青春就是莽撞、青春像團火、如絢麗的光。年輕的生命就是用來揮霍、用來感受、用來讓生命更豐富的過程。

《陸生元年》所記錄的青春歲月，是在兩個僵固體制結構下、九百二十八個新生生命的魯莽、不安分的生命日誌；陸生用身體力行的方式，闖入「既陌生又熟悉的國度」台灣。

這跟清末民初、首度遠航留學的陸生不同，跟三、四十年代留洋者相異，更非這幾年的留美海歸的驕子可以比擬。

《陸生元年》說的是除知識追尋、生活體驗等社會資本積累外，讓年輕的生命如何在日益茁壯的華人公民社會徜徉、沈浸、吸氧。

這不禁讓我聯想到李安大導演的近作：少年「派」的奇幻漂流（Life of Pi），當陸生決定從大陸各地選擇台灣作為進一步學習的所在，他（她）就像經歷電影中主角家人搭船遭遇狂風暴雨一般。然而幸運逃過一劫的陸生「派」，絕難想到與他同船的不單單是一隻「三限六不」的台灣政「府」、更還有一隻是僵化的大陸政「府」；一個是在政黨妥協下的設限、扭曲，另一個是連體檢都要折騰的官僚體系。

然而、這一切的奇幻旅程才剛剛開始。

電影中的少年派，如果沒有孟加拉虎為伴，相信也無法激動鬥志，時時刻刻在危境中提醒自己警惕，於是每日餵虎便成自己達成生存目標的必要工作，少年派也從一開始的怨天尤人、到理性馴虎，最後終於與虎命運一同，相互扶持相依。

我想，相對於眼睛看到的是南京東路、四川西街……等既熟悉、卻又陌生疏離的大陸少年「派」，在台灣遇上了大學由你玩四年，上課打瞌睡、下課打屁，課餘鬼混參加各類社團，生活安逸，十八分可以上大學的台灣少年「派」，這些讀書用功、上課坐第一排、時時發問、課後埋首於圖書館的陸生，無異是台灣少年「派」船上的孟加拉虎。陸生的存在，相信也會時時刻刻刺激台生。

同船的每隻老虎，都是激勵自己求生存發展的導師。

正如二〇一二年七月廣州《新周刊》以封面主題報導：「台灣，最美麗的風景是人」，每位陸生少年「派」都有自己跟台灣人互動而深受感動的經驗。不管是上山下海，或越往南走、往往一個笑臉及親切奉茶，都讓陸生回味再三。而社會的、校園的公益氛圍，更是這一代大陸人所欠缺的，正如作者寫下的：「一個國家之所以偉大，是偉大在它的人民，是它擁有尊重差異的公民、深思熟慮的公民、理性對話的公民、積極參與的公民，以及由這些公民組合起來的開放社會。」台灣所有住民組成的氣質，是今天華人社會的珍寶，而生活其中的陸生，也會在自己心中植下美好的種子……

因此，在《陸生元年》一書中，我們不但可以看到華人新一代的少年「派」，在彼此矛盾、爭鬥、互為對方船上「老虎」的一幕，我們更可以看到輔大的朱同學，站在樂生療養院胡伯伯空下的房間裡痛哭失聲；也可以看到胡俊鋒同學，在法鼓山的志工活動中找到生命的意義；有些更親眼見證台灣總統選戰中，體會了選輸也可以如此坦蕩的民主風範。

台灣要更有自信，法鼓山、樂生、社會運動、民主選舉……這一切的一切，如漂流中少年派所面對的日月星辰一般，它是台灣呼吸的自由，台灣人性的驕傲，它除孕育了台灣人，相信也會讓華人漂航的社會，有一些穩固的陸地可靠。

四位作者花了很多時間，訪談了上百位陸生而成的《陸生元年》，相信在推進的兩岸互動中，自有其貢獻及意義，謹獻上最深的敬意。

*黃旭宏博士，旭聯科技董事長，北京清華大學社會科學學院企業社會責任與社會發展中心副主任。

推薦序　別讓我們台灣的下一代成了國際上的孤兒

傅盈西

當我第一次拿到《陸生元年》初稿時，不禁為裡面的故事和吶喊而深深感動。這正是一個台灣人在海外工作多年的教育心聲。近兩年我常回來和國內的老師、朋友和學生交流，傳達的多是關於兩岸的學術交流理念。交流並不只有互訪開會旅遊，而是要互相了解學習，共同提升兩岸的學術水準。當我們看到才轉型為研究大學二十年的香港大學和新加坡大學，居然能在全世界和亞洲的大學排名裡名列前茅，而台灣竟然沒有大學能進入百大之列，儘管師資優秀，老師敬業，學生聰敏乖巧，卻因缺乏國際化，早被大陸和韓國遠拋在後。近來更為了陸生來台的補助，炒得沸沸騰騰。

「三限六不」政策變成了對人民和選民的保證，殊不知其中的真正利害。就像先前等到不如預期的陸客來台觀光，才大力鬆綁提振台灣觀光經濟。比較香港新加坡很早就大量吸引優秀陸生（從高中生開始），提供媲美英美加的優渥獎學金，更不斷提升其高等學位的品質，為學校帶來很大的實質收益（陸生在海外自費學習的比例已很高了），國際上的高品質論文也扶搖直上。這雖然不能全拜陸生之功，但卻是大量吸收國際人才之果。筆者在新加坡多年的研究生涯，帶過一百餘位研究生（多數是博士生），卻多虧陸生的吃苦耐勞努力科研，才能在相關領域有點小名氣，在大陸幾個知名大學（在大陸叫高校）和企業界也學生遍布。

當我連續幾年帶新加坡國立大學學生到北京大學訪問，我才被校園中隨處可見的外國學生所驚訝。大陸這幾年多數高校的國際化腳步，已讓香港和新加坡倍感吃驚。往年新加坡長用「進入中國的跳板」來吸引西方國家合作，但現在英美的名校卻汲汲在叩大陸高校的門，不管合作交流互訪或送學生，用盡了各個管道和中國大學接軌。而我們台灣還在為接收陸生而設下各式障礙，試想等到他們的好奇心過了，還會有好學生來台就讀嗎？今天大陸好的高校文憑，不管在國際上的認同或在留學上的資格，已遠遠勝於台灣的學位了。即使是新加坡，對台灣學位的認知也遠不如大陸的文憑。試想我們還有什麼可以在「防」陸生的條件呢？

要讓台灣的大學走向國際化，不能只用能學中文當吸引，而是效法新加坡——「要了解中國文化和商業環境就到台灣來學習」。近來大陸更是積極選派學生和博士後到國外讀學位或短期訪問，以吸取國外科研經驗，所有費用完全政府買單，每年的目標是六千人，讓英、美、香港、新加坡憑添科研的免費人才，試想我們還要築起方城，為了陸生可能畢業後造成就業競爭而擔憂，為何不學習新加坡即使遭逢阻力，還是用外來人才去創造經濟和提升國際的競爭力？今天才有她的經濟蓬勃，就業市場豐沛，毫不受國際市場的大影響。

讀《陸生元年》不只是去了解陸生在台的故事體驗，是要讓我們的教育工作者和政策制訂人，好好深思熟慮，以免再犯下多年前教改的錯誤，而讓我們台灣的下一代成了國際上的孤兒。我因深深被本書的作者的教育使命感所感動，即使文筆粗劣，也自告奮勇來推薦介紹，這其實都是我多年在國外的觀察，感同身受。盼透過此書和讀者共勉，也為台灣的莘莘學子請命。

傅盈西於新加坡國立大學
二〇一二年十二月二十四日

＊傅盈西，新加坡國立大學工學院教授。

推薦序

借鑑美國留學策略的經驗與教訓，營造陸生留台的包容、多元環境

甯耀南

回顧一九四七年二戰後美國宣稱基於人道立場推動馬歇爾計畫，於一九五一年通過了國際開發法案對世界各國提供經濟援助，其後續的策略地圖不僅於此，更進一步地提供美國的高等教育服務，供全球各國留學生前往研習當時最先進的技術與學術，世界各國的菁英人才展開了波瀾壯闊的留學美國運動，這是人類有史以來最慷慨的仁政，美國也成為最大的受益者，外籍留學生成為美國創新與經濟成長的最大動力，英語與美國文化也成為全球化的重要結構，似乎留學政策是有百利而無一害的策略。

然而二〇〇一年一批曾經在美國留學的沙烏地阿拉伯恐佈份子發動了九一一事件，粉碎了美國籍留學政策營造的一元化全球價值觀，杭亭頓的「文明的衝擊」論述再度被美國華府策士奉為圭臬，反恐主義成為主流。但是二〇〇四年美國現代語言學會展開了三年調查，反省九一一事件更深層的原因在於美國高等教育缺乏多元文化包容性，該學會於二〇〇七年發表了「外語與高等教育報告：變遷世界的新結構」，指出了美國高等教育在跨語言及文化內涵的危機。茲引述其發人深省的內容精華如下：美國未來高等教育研究學者Daniel Yankelovich認為美國高等教育未來首要工作就是教育學生多瞭解其他文化及語

言需求，並且呼籲：「我們整個文化必須減少種族優越感，少一點恩賜別人的高姿態，少一點漠視別人存在的心態，少用二分法去判斷其他文化，儘量與其他世界融洽相處。」美國前參議員Daniel Akaka也作了謙遜的論述：「美國人須要向世界打開大門，如果想解決當前複雜的問題，必須從他人的雙眼去看待這個世界」偉哉斯言！此言可適用的對象不只是美國，不只是兩岸也不只是大學生。唯有人類各族群具有此一跨越語言、文化的素養與心態，文明衝突與霸道的全球化問題才能緩解。兩岸的留學教育自不例外，陸生與台生固然是同文同種，但若缺乏包容同理心，兄弟亦可能反目成仇，反之如能在留學政策更積極地營造包容多元的體制，胡、越亦可為一體，台灣應記取美國的經驗與教訓，更審慎地注意陸生的感受，也要做好台灣師生的多元包容倫理教育，讓台灣成為包容社會的典範。「有容乃大」、「有容乃多」、「有容乃新」唯有在包容、多元社會中，才能帶給台灣持續的創新動力與營造兩岸的真正和諧社會。

去年十二月，因緣際會與葉家興教授相識於政大江明修老師的辦公室，當時筆者正為了ETS提供的多益獎學金與江老師代表的的「第三部門教育基金會」研議如何提倡校園中的「仁力資本」教育，鼓勵台灣同學從事志工活動時要發揚包容與關懷精神，此一精神與葉教授序言的主題：「愛與善意，終將見證歷史」不謀而合。特為序印證並鼓吹此一理念，願與兩岸有識之士互勉之。

＊甯耀南，ETS台灣區代表、忠欣公司策略長。

推薦序　「異想」的火花——陸生交流的燦爛經驗

廖元豪

老友家興這本《陸生元年》，讓我想起許多美妙的經驗。

我第一次接觸「陸生」，是二〇〇〇年在美國印第安那大學法學院留學的時候遇上的。當時我們班約有六十多人，台灣學生七、八個，大陸學生五、六人，都在攻讀法律學位。

我們彼此都很興奮在海外相遇。除了一塊兒出去玩以外，也常常聚在一起交換對美國的看法，比對各自在國內的生活經驗，甚至聊起兩岸中華民族的未來。那種「同中有異」的感覺，非常新鮮！這些「陸生」不僅開啟了我對中國大陸那塊既熟悉又陌生土地的窗，他們的「觀點」更讓我經常「皺眉」或「眼睛一亮」。無論是皺眉或亮眼，都會讓我激動一陣子—原來用著相似語言的人，可以有著這麼不同的看法！同樣的，這些「陸生」也發現，「我們」台灣同學隨口說出的一些想法，也能讓他們喊出「哇」的一聲。

舉例來說，有個大陸朋友聊起大陸國企員工「下崗」後慘況，眼眶泛紅神情嚴肅地說：「共產黨怎麼可以這樣對待勞工？」那樣的神情與語調，讓我到現在還難以忘懷——對啊，共產黨應該是工人的政黨啊。可我們在台灣只把共產黨想成是專制獨裁殺人放火，或是現在的「走資」，卻沒想過共產主義的真正精神其實還是曾經深深影響、感動了好幾代人。

過了幾分鐘，我們聊到台灣剛剛解嚴時的五二〇事件等警民激烈衝突，他的反應也大大出乎我意料之外：「原來台灣也有這一段！太好了，明明不用開槍也可以處理的！」天啊，我心目中最慘烈的一段打鬥，在他們看來是台灣可以提供給全中國參考的「和平演變」耶。

自此我體會到美國人常常提的「多樣性」（diversity）為何可貴。與來自不同地方、背景，擁有差異經驗的人相處，我們會知道自己既有的觀念不是天經地義的。這種「不同」帶來的刺激，挑戰了我們的預設，打破了自己的成見。我相信每個願意成長而有自信的人，都會喜歡這種衝擊。尤其「陸生」跟我們其實相同之處頗多：在校園裡相遇的台灣與大陸學生，在語言、人種、民族，以及學歷背景方面是相似的。但也正因為這些「同」，讓我們更清楚看到彼此的「異」，進而深刻思考「為什麼？」我真的喜歡這種感覺。

這種「刺激」，也是兩岸學生交流，可以帶給彼此的。無論是「台生」在大陸，或是「陸生」來台灣，雙方的對話、生活，都可以產生類似的化學變化。

近年來在政大碰到過許多大陸來的研究生。有短期訪問的，也有修課的交換生，以及修習學位的學生。經驗顯示，他們與台灣的研究生，有一種「遇強則強」，相互搧火，逼出彼此潛能的效果。

大陸來的同學們，都說在我的課堂上，為了受到肯定，會非常認真地準備。而他們上課的反應，提出的意見，也經常讓我們這些閱人多矣的教授「愛不釋手」：作老師的，遇到準備充分、敢發言，程度好的學生，誰不開心啊？在此同時，原本被問問題總是害羞地低頭的政大同學們，忽然間也變得更大方，更勇於辯論。整個課堂的氣氛都被「燒」起來！這樣的經驗，一次次在我們課堂上重演。台灣同學知道這些大陸同學的「厲害」，再也不會鄙視「阿六仔沒水準」或「大陸人不懂民主法治」；而大陸同學能夠在台灣這個「中國民主的燈塔」，暢言網路自由、權力分立、政府向人民負責等（在書上讀到但始終不太用得著的）憲法理論，同樣感到無比興奮。這樣的接觸若是能普遍發生在兩岸人民之間，你要他們之間如何「敵視」呢？

《陸生元年》這本書，說出了太多太多相似的故事，同時也誠實地點出了兩岸學生交流的一些障礙。我真切相信，只要我們真心開懷擁抱這些有心來台學習、交流的學生，這些令人忍不住「按讚」的經驗會不斷重演，而無謂的心結與障礙則會漸漸消逝。「有朋自遠方來，不亦樂乎？」我為台灣人民勇於接受挑戰、接納異見，並歡迎朋友的心胸，馨香以祝之。

＊廖元豪，政治大學法律學系副教授。

自序 愛與善意，終將見證歷史

三個台大電機校友，畢業二十年後，一次偶然的聚餐，催生了《陸生元年》。二〇一一年暑假，台北某餐廳。我們三人，一位是台北某出版社的總經理，一位是台灣某金控位於香港的證券子公司的總經理，加上甫從香港休長假、即將在政大客座半年的我。三個人分別有在美國、日本和香港的工作經驗。在聊到兩岸近況時，我們共同都有此消彼長的感慨。突然也不知誰提起，也許台灣開始招收的大陸學生會帶來些許改變。我深表認同：在香港任教十一年，見證了太多積極正面的鮮活例子。

越聊越起勁，在出版社當總經理的老同學有意牽線，促成《陸生元年》的出版。我也開始擬定寫作大綱，並著手利用在政大的人際網絡，開始認識第一屆在台的陸生，傾聽他們的故事。

我在政大認識的前兩位陸生，就大大超乎了我的預期。分別是在日本取得法學碩士的章程以及在美國加州柏克萊大學取得哲學學士的賈士麟——他們的故事太精彩了！我在香港接觸的眾多陸生（內地生），從來沒有人在來到香港之前有過國際留學經驗。

我心裡想：「呵呵，台灣挺牛（很厲害）！」陸生的故事應該受到台灣讀者關注。

然而好事多磨，這本書的進展並不如預想中順利。

原先的出版社不看好這個題目，只願意象徵性印幾百本。另一位文化圈的朋友告訴我，《商業周刊》曾以「大陸八〇後」為題做過封面故事，結果那期是該年銷售情況最差的一期。而且聯繫輔大、世新等陸生大校，都以隱私為由，不願意透露陸生聯繫資料。

沒有國科會計畫補助，也沒有媒體、基金會等任何機構的經費支持，沒有陸生們的聯繫方式，甚至連老同學的出版社也要再考慮，本書還有出版的可能嗎？

我想到在香港十多年來認識的一個個優秀的陸生，從都市到農村，從黑龍江到深圳，一張張純樸的臉，一顆顆堅毅的心，他們帶進認真向學的風氣、求知若渴的精神，他們帶進大江南北各異的文化風格，讓香港年輕一代更好地認識新一代的中國人。五湖四海的同學給本地生良好的刺激與薰陶、給了他們成為未來十年跨國經理人應有的氣度、未來二十年政治領袖應有的氣質。

而台灣呢？在政治妥協下形成的陸生政策，到底能給我們什麼願景？雖然我們都是移民者的後代，身上流著冒險家的血液，但經歷政治民主化、經濟自由化、社會多元化之後，台灣共同體意識愈來愈強的我們，會怎樣看待新一代冒險家？這些甘冒兩岸政治風險，渡海攻讀學位的年輕人，他們面對的未知環境，是不是很像清末來台的經濟移民、一九四九年來台的政治移民？也許動機和時代背景有異，但風險與機會成本卻可能同樣可觀。

台灣會友善對待這批年輕冒險家嗎？

我想起十多年前第一次踏進香港所感受到的冷淡*。兩岸三地因政治壁壘而阻隔多年，民間彼此有著許多誤解與偏見。我初到香港時，正如陸生今天在台灣感受到的，是個既熟悉又陌生的新世界。因此，我決定排除萬難，努力幫助這些小冒險家，促成這本書的出版。

上百位陸生與我們分享故事，但因為各種原因，最終《陸生元年》只記錄了六十餘位陸生及其友人的故事。沒有這些無私慷慨的信任，這本書不可能完成。

我們深深感謝所有可愛的陸生們，把我和黃重豪這兩個台灣人當成朋友，也把賈士麟和藺桃當作傾訴的對象。有陸生跟我們打氣，他們知道我們進行的，不是為報導而報導的媒體專題，也不是為研究而研究的政府委託計畫，而是獨立為陸生發聲、為台灣爭取更大認同、為中國爭取更大改變的一本書。我們熱淚盈眶，感謝他們不把我們當挖掘八卦的媒體記者，或無關痛癢的學術研究者，感謝他們把我們當同志、當可能一輩子的朋友。

我們要感謝：

蔡伯超、游雪萍、黃燦燦、宋名群、東放、孫世通、張晗、王菡、樊俊朗、張可、孫雯雯、余澤霖、吳梓杰、鄧青雲、金韞昊、蘭青、尹星、蔡博藝、劉藝、章程、陳誠、陳爽、葉孟

* 我在〈陸生帶給台灣跨域思考衝擊〉略提到當時的小故事，二〇一一年十二月二十八日，《中國時報》A十五版。

元、劉汭鑫、夏文娟（化名）、方鉞宇、馮盛、邱辰、蔣鳴人、徐明義（化名）、董心成、李彬揚、黃凱、韓冰、潘發鑾、王欽、鄧愷、淩安愷、黃丹、王真、賈一山（化名）、劉莫同（化名）、官晴、米麗曼、張淼（化名）、劉積亮、于喬、徐詩瑤、胡俊鋒、王岸、楊曄、胡月、蔡鉞奇、湯思斯、謝雨欣、古曉紅（化名）、張一童、封宏達、張豐南、陸小北（化名）、陳宏、沈行雲、朱伯銘、沈依洋、馬軍、范迪隆（化名）、劉啟東、劉禹岑、陳璐潔、賈銘（化名）、劉星（化名）、賈銘和劉星的台灣女友、謝雨欣和古曉紅的台灣男友。

此外，我們也從公開的媒體報導中引用了一些陸生的故事，無緣和他們相見，故也在這裡特別感謝祝常悅、胡憶陽、畢紀煉、劉峰、唐孟維、Teresa（筆名）同學，希望他們喜歡我們的引用。我們也感謝青年導演賴雅婷和《天下》雜誌記者周原，熱誠跟我們分享他們和陸生交流的經驗。漫畫家波波慨然同意我們使用幾幅陸生漫畫，讓本書生色不少。政大勞工所的潘發鑾提供我們大選紀實的照片，在此，我們要一併感謝！

另外，台灣的教授方面，我們要感謝政大校長吳思華教授、學務長朱美麗教授、社科院院長莊奕琦教授、世新大學校長賴鼎銘教授、台大研發長陳基旺教授、前東海大學國際長劉舜仁教授、逢甲大學國際長游慧光教授、亞洲大學創意領導中心主任黃萬傳教授、台大社會系林國明教授、政大法律系廖元豪教授、清大社會系陳明祺教授、中研院社會所陳志柔、汪宏倫教授、淡江大學大陸所楊景堯教授，或者在百忙之中接受我們的訪談邀約，或者直接間接地與我們分享對陸生來台的看法，或者經常在媒體和公開場合提出對陸生政策的想像，對本書有許多啟發。

我們也要感謝幾個單位所舉辦的座談會，包括大學校院招收大陸地區學生聯合招生委員會和中華青年交流協會舉辦的「歡喜來兜陣：兩岸青年交流論壇」、政大國家發展研究所的「台灣發展論壇：陸生來台與高教產業」、兩岸和平發展論壇的「反歧視，爭平等：陸配、陸生權益論壇」、《陽光時務》的「時務論壇：陸生的第三種台灣想像」、台大法律學院學生會和亞太青年公益協會籌備小組合辦的「海峽對話沙龍：三限六不」、台大台生陸生交流會舉辦的「北中南陸生代表大會」……等諸多活動的主辦單位和參與者，他們提供的平台，讓我們有機會聽到更多陸生辛酸與溫暖的故事。

此外，賈士麟要感謝遠在北京的父母的理解和支持，他才得以踏赴來台之旅；而來到台灣後，他也要感謝包括政大的丁敏教授、葉巧雯老師在內的師長的熱心關照，還有眾多眾多同學伸來的友誼之手；最後，他要感謝所有陸生同學對自己的傾情相助，如果沒有他們在腦海中刻下的親切眼光，這本書就不可能走到今天。

藺桃要感謝李侑潔、潘柏言載她騎行千里遍訪高雄、屏東各校陸生，感謝義守大學王嘉洲老師的指點，感謝賴雅婷導演的真誠分享，感謝中山大學陸生會同學們的坦誠相待，感謝劉積亮、牛杉、黃世政的熱情款待。除以上具名的採訪對象外，還想感謝殷俊、林長偉、郭少君、黃瓊琿、林佳致、陳甜蜜、吳京璟、蕭伊婷、盧思宇。最後，她想感謝張典婉、譚端兩位忘年之交始終如一的支持，以及身在大陸的先生黃慶明多次的義務校對和情感支持。

黃重豪要感謝所有信任自己這位陌生人的大陸學生。

以歷史為鏡，開放終究戰勝封閉，民主終究戰勝威權，自由終究戰勝專制。在大學這個「毫無顧忌追求一切真理」的場域，我們期許台灣能解除對陸生不必要的種種限制，給陸生們更開放的空間，讓他們得以徜徉其間，論辯真理、追求夢想、創造幸福。

本書的作者群希望讓台灣讀者知道，大陸年輕世代是我們最好的朋友，最好的同志。吸引越多大陸年輕人來台，平等地對待他們，就是台灣自由民主的最好保證。一旦台灣的民心民意認識到這點，推動兩岸文化與教育交流，就會愈來愈容易。台灣現有的生活方式，也就愈能夠得到保證。

我們期許「陸生元年」的播種，會為兩岸的未來帶來正面的改變。歷史輪迴讓我們樂觀，只要愛與善意存在，我們終將見證歷史。

葉家興

二〇一二年八月　香港

＊葉家興，香港中文大學財務學系副教授。

CONTENTS

開場白

陸生元年的扉頁

二〇一一年一月，杭州，又一場瑞雪來臨的前夜，在開足暖氣的宵夜店，蘭桃對兩個好友說：「一兩年後想去台灣念書，念一門新聞之外的學科。」

當時蘭桃是杭州一個報社的夜班編輯，受限於背景知識的不足和職業的瓶頸，亟思突破平淡安穩的現狀。

宵夜結束，縮緊脖子走進風雪，蘭桃沒有想到，春去秋來之後的下一個冬天，她會在台灣度過。

＊＊＊

二〇〇九年九月，美國加州大學柏克萊分校，賈士麟大包小包地收拾著自己的行囊。

柏克萊畢業後，他一刻也不想多留，一股腦就要衝回北京。在美國遙望，正處於時代大變革之中的中國大陸，是他最廣闊的田野。而閒來喜歡看台灣政治肥皂劇的他，未曾想過有一天，自己真的會牽扯進這個看似親近實又遙遠的他鄉。

回京兩年後，他感覺北京早已不再是他曾經的北京。他辭去媒體工作，離開了這個膨脹中的偌大名利場，來到台灣「流浪」。

＊＊＊

二〇〇八年九月，金融海嘯席捲全球的那個月，黃重豪進入政大公行所碩士班。二〇一〇年八月，論文寫到一半，熱愛爬山的他把筆一丟，包袱拎著就跑到西藏沉潛。

他曾經為一門課設計「開放陸生來台就學對提升我國大學競爭力之評估」的問卷，不過當時志不在此的他，只把那份報告當作純粹交差的作業。

黃重豪沒有想到，三年的碩士光陰結束之後，他會重新打開這個檔案。他也沒有想到，畢業後的半年內，因為《陸生元年》，他的臉書好友多出了大量漢語拼音的名字。

＊＊＊

一九九四年春天，台北來欣補習班，葉家興緊張地婉拒老闆娘的請託，他決定辭去GRE老師的兼職，碩士畢業後直接去當兵。

緊張，主要的原因是老闆娘的神秘色彩。來欣除了是老闆娘，是台大電機學姐，背後還有一九八一年在比利時以大陸留學生身分「投奔自由」的神秘事蹟。那一年，是他第一次與來自對岸的人對話。

沒想到，一九九六年還在金門前線領略「飛彈試射」危機震撼的他，在美國轉了一圈後，二〇〇〇年回到亞洲，開始在香港中文大學，與眾多的大陸同事和年輕學生為伍。

＊＊＊

二〇一一年秋天，在政大客座的葉家興，因緣際會趕上「陸生元年」，機緣巧合下先後認識了黃重豪，認識了賈士麟，認識了藺桃。

我們四人，在不一樣的時空背景和政經環境成長，但我們有共同的熱忱與激情，願意克服各種困難，為「陸生元年」的歷史作見證。在教學、研究、工作的空暇，我們走訪北中南多所大學的陸生和陸生事務的負責人。其中，按照個人網絡的地理分工，賈士麟主要接觸北台灣（從台北到新竹）的陸生，黃重豪主要接觸中台灣（從台中到台南）的陸生，而藺桃主要接觸南台灣（高雄、屏東）的陸生。

由於欠缺經費支援，不少學校也以隱私為由拒絕提供資訊，我們只能透過非正式的途徑認識朋友、朋友的朋友，並且積極參與各項陸生議題的座談會，以滾雪球的採樣方式訪談了近百位陸生，並且盡可能兼顧大學部與研究所的平衡、性別與領域的平衡，以及大陸原居地的平衡。

但不管來自何處，所學為何，年齡長幼，幾乎無一例外，陸生們離鄉背井來到台灣，都有著一個個辛酸與甜蜜，動容感人的故事。

《陸生元年》是一本關於時代洪流下命運共同體的書，也是一本命運與命運交匯的書。公元二〇一一年，在兩岸大歷史與個人小歷史的機緣之下，首屆九百二十八位來自中國大陸六個省市的年輕人來到了他們心中的寶島台灣，開啟了在這裡的學位之旅。有別於過往短期交換的匆匆過客，他們的人生將印下Made in Taiwan 的學歷，在未來的幾年裡，將扎根在這個社會，細細品味每一番味道。

然而，第一屆招生訊息不暢，政策又層層設限，在兩岸種種政治勢力的包夾之下，他們為什麼會選擇在二〇一一年來到台灣？事實上，**〈每個人心中都有一座圍城〉**，年輕的陸生們跳出過去熟悉的生活圈子，跨海來到既熟悉又陌生的世界，這對每個陸生來說都是新的挑戰。

眾所周知，陸生來台牽動了台灣高度敏感的政治神經，經歷多輪政治攻防戰。在**〈拳頭打開的大門〉**中，我們對政策始末進行回顧。而在海峽的另一岸，首屆陸生們能夠來到台灣，看似短短的跨海之旅，卻要經歷不少波折。**〈層層難關到台灣〉**細數了陸生來台需要經歷的層層關卡。

來自大江南北、五湖四海，素昧平生的九百二十八位年輕人，在這一年結成了命運共同體，他們又與台灣社會碰撞出什麼樣的火花？**〈青春的另一種活法〉**走進他們的校園生活。台灣的高等教育正面臨愈加凸顯的全球化競爭壓力，台灣的大學究竟能給陸生什麼樣的教育呢？面對陸生的到來，台

小清新

近些年來在大陸年輕人中非常流行的一種次文化，起源於一九八〇年代英國的音樂流派Indie Pop（獨立流行樂），追求唯美、清新的藝術風格。台灣歌手陳綺貞的歌曲〈旅行的意義〉是許多「小清新」愛好者的「國歌」。

灣也陷入了一場競爭力的迷思。

陸生們來到台灣，在空間和時間的座標軸上，都見證了新的參照。在**〈台灣，故鄉或異鄉〉**中，我們看到許多陸生們帶著「台灣情結」來到台灣，發現了似曾相識卻也截然不同的生活方式，觀察到「被同種語言分隔的兩個社會」。近年來，在中國大陸經濟持續高速增長的同時，民間社會也興起了「民國熱」和「台灣熱」。在找尋歷史記憶的一代人眼中，台灣保留了因文革而斷掉的中華傳統文化；而在嚮往自由、獨立的一代人眼中，台灣則是「小清新」文化的代表，充滿了青春和活力。在**〈台灣，過去或未來〉**中，我們感受「慢活台灣、快節奏大陸」的情調，也被「那些年，我們在台灣經歷愛情」的跨海情侶深深打動。

然而，陸生也直接體會到兩岸認同上的鴻溝。**〈劃地，但不自限〉**記錄了台生與陸生身分認同的糾葛。我們提出，如果劃地在所難免，但最起碼人們心中是否可以不要自我設限？陸生來台開啟的既是心靈裡的一扇窗戶，也是一面鏡子。我們希望並也開始看到，陸生和台灣社會都可以在對方身上的這面鏡子中重新認識自己，反身思考自己的過去、現在與未來。

台灣像是個不斷進化中的公民大講堂，在〈**陸生的公民學分**〉中，大陸青年體會到民主的展現與侷限，也解放了關於眾人之事的各種可能想像。而已然開啟民主轉型的台灣，又能給處在民主轉型之前的中國大陸帶來什麼樣的啟發呢？這不僅僅是陸生的問題，也理所當然是台灣的問題。

《陸生元年》獻給這第一年的熱血記憶，也獻給兩岸未來的無限可能。或許，在兩岸官方的編年史中，首屆陸生來台只是海峽兩岸大時代背景下諸多開放交流中的一小筆；在學者的宏觀論述中，陸生議題也不過是兩岸諸多顏色勢力角逐之下的產物。然而，在本書作者的眼中，這卻足以開啟一個命運翻轉的新紀元。年輕人是兩岸社會的未來，如果兩岸的年輕人可以通過文明的方式互相影響，這對兩岸公民社會的健康發展都會大有裨益。

我們走入一位位陸生在台灣的生活。在其中，我們看到了陸生的迷思，也看到了台灣的迷思。我們看到了大陸的年輕人努力從過去層層的枷鎖中跳脫出來，重新審問自己；也看到面對中國大陸經濟崛起，台灣社會的種種焦慮。在全球化的浪潮下，台灣是否已然陷入了自我設下的競爭力陷阱？而台灣對陸生權利佈下了嚴苛限制，當陸生跳脫出圍城來到台灣，是不是又陷入另一座圍城？

然而，我們更看到希望。在陸生元年中，我們目睹了民間社會的親和力，也見識了它的柔韌性。不同於種種高高在上的政治經濟主流論述，陸生來台，開啟了庶民社會的窗戶，透過這扇窗戶，我們看到陸生與台灣的愛恨情仇，看到種種不同生活的可能性，也看到「且認他鄉作故鄉」的反思。

在全球化與區域化同步進行的年代，儘管其背後充滿了矛盾，但是當現代社會不可避免地走向競爭，台灣是否也能從「亞細亞孤兒」的鄉愁中走出，勇敢面對自己的未來？從經濟學賽局理論的觀點，我們提倡社會的「生物多樣性」，提倡讓更多元的大陸學生來到台灣，台灣才能走出去。從人文的角度出發，我們提倡異質社會和反身性思考。一八三五年，而立之年的法國思想家托克維爾（Alexis de Tocqueville）客居在新建不久的美國，寫下了絕世經典《論美國的民主》（Democracy in America）。陸生元年，當兩岸學子間的柏林牆倒塌，民主、自由、人權和思想解放是否穿透更大片的土地，征服更大片的人心？陸生與台灣是否也能書寫下華人歷史的新篇章？

面對崛起中的中國，台灣社會無疑正處在焦慮之中。解決焦慮的唯一辦法就是開放心胸，迎接未來。在書的最後，我們也提出，台灣目前針對陸生的種種特別限制固然有其特殊的政治背景，但是否合理呢？本書通過陸生在台第一年的經歷顯示，台灣面對中國大陸時有充分的文化資本，在教育上其實大有可為。我們有充分的理由相信，**〈台灣應該更自信〉**！

公元二〇一一年，民國一百年，陸生元年。這一年無重大動盪，看似很尋常的一年，然而對兩岸很多的年輕人來說，卻是暗濤洶湧的一年。對數十年後的兩岸歷史書寫而言，也可能是彌足珍貴的一年。

以下，是我們所見證的故事，是我們為之心動與感動的故事，也是充滿無數糾結與情結的故事……

01 每個人心中都有一座圍城

01 每個人心中都有一座圍城

為什麼會在公元二〇一一年來台灣？九百二十八張面孔會有九百二十八個答案。

有人不知自己為何而來，有人則已等待多年；

有人是這輩子第一次遠走他鄉，也有人早已跑遍五湖四海；

有人聞所聞而來，也有人見所見而去；

有人看準了未來，有人則是為了離開過去；

有人在過去來台當交換生時就已經愛上了這裡，也有人到現在還在猶豫當初的決定。

離開圍城，現在就走

「讀書時，我會整夜整夜地失眠，工作的時候不曾有過；然而來到這邊以後，我又開始失眠了。」台大國家發展研究所的博士生張可如是說。

戴著大大的黑色眼鏡框，二十六歲的張可，是來自南京的帥小伙。拿到英國約克大學社會政策的碩士學位後，他在北京一所名校的研究所擔任研究助理，分析一些社會政策的專題。

第二年，機構整併，研究項目變成了公益慈善。公益政策只是他學過的東西中很小的一個領域，做到後來就覺得不是很有意思。現今的大陸海歸如潮，朋友中英國學成的博士，回來也只能在新成立的私校裡謀個教職。碩士就更不用說了，慢慢熬也難熬出頭。

二〇一一年四月，張可看到台灣招生的訊息，查了以後覺得還不錯。想讀社會學，但社會系沒有招收博士，就報名台大國發所。沒想到就錄取了。

「現在想起來，之前那份工作還是蠻不錯的，月收入也有一萬人民幣起跳，再混兩年說不定就混出來了。現在什麼都不要了，代價蠻大的。」他說。不過，雖然現狀不錯，但時間也很重要，萬一這兩年錯過機會，以後成家立業再出來就更困難了，「趁年輕還是應該折騰一下。」

「另外，你也知道，現在（大陸）大學這種機構跟官場沒什麼區別，學術氣氛不濃，你做得不會很開心。我每個月最開心的就是領錢，剩下的時候都不會很開心。」

他辭了工作，跟大學時就在一起的女友辦了結婚登記，然後隻身來到台灣。

第一屆來台讀研究所的陸生中，不乏張可這樣有社會閱歷的年輕人。有人做過公務員，有人曾在待遇優厚的國有企業裡上班，也有人自己創業，還有不少人具有海外留學與遊學的經驗。幾乎都是生於八〇年後，每個人都是中國高速經濟、社會轉型中的一份子。他們放棄了原本還不錯的待遇，因為不安於現狀。背著「三限六不」的大鍋，第一屆吃螃蟹的人中，不乏來尋找人生新可能的跨海冒險家。

目前在台大國際企業研究所讀碩士的孫雯雯，同樣也在北京工作過。她是山東青島人，在武漢讀完大學，又去北京的清華大學讀了法學碩士。畢業後，進入北京一家人人羨慕的國有企業做行政工作。

能來台灣，孫雯雯的丈夫給了她很大助力。丈夫是她碩士班的同學，屬於對社會非常有熱忱的新一代知識份子，畢業後就隻身前往印度觀察體驗過一年。朋友原本推薦他來台灣，他時間趕不上，就鼓勵妻子過來。

這兩年在大陸「國進民退」的趨勢下，國有企業的工作成了大眾眼中的「香餑餑」（搶手貨），工作壓力低、待遇豐厚都是國企工作的典型特

三限六不

「三限」指限制採認大陸院校學歷、限制陸生赴台總量、限制採認醫學和安全領域的專業。

「六不」指不加分、不提供獎助學金、不影響招生名額、不允許校外打工、畢業後不可留台就業、不開放報考證照。

點。然而在工作了兩年的孫雯雯看來，這就像一座圍城[1]，國企裡面的行政工作只要把人際關係處理好就行，用不到自己的專業知識，這對她來說是一個很大的浪費。「我在北京也沒什麼關係，我需要用我的專業知識開創一番新的天地。」她說道。

孫雯雯的父母一開始也沒有想通她為什麼要來，「其實是他們對台灣不了解，覺得台灣的教育不見得比大陸好，我在國企待遇又那麼好，為什麼要辭職呢？」她解釋道。不過她從小就很獨立，從考大學到研究所、再到找工作都是自己定的，「其實我在我們單位已經是中層幹部了，但就是不想做下去了，怕做下去會和自己的專業越來越遠，怕自己上了這麼多年學，但學的東西完全用不出來。」

國進民退

大陸常見的經濟術語，指的是二〇〇八年全球金融危機前後，以製造業為主的民營經濟受到較大的衝擊；而具壟斷優勢的國有企業在政策的支持下，居強勢地位。

1 錢鍾書在一九四七年出版的長篇小說《圍城》中，引用了法國諺語「婚姻是被圍困的城堡，城外的人想衝進去，城裡的人想逃出來。」後來這種「圍城」心態，從婚姻被廣泛引用在人生的其他領域，如職業、住房等。

「現在太多的人都去歐美了，但其實台灣對大陸來說是這麼重要的一個地方，這邊的教學還不錯，為什麼不來呢？」以後想做生意的她，覺得應該對社會的發展有一些獨立的判斷，而來台灣能求學、又能瞭解台灣社會，一舉兩得。她相信，來這邊會讓她的核心競爭力和別人不一樣。

在夫妻兩家人的支持下，她來到了台灣。夫妻倆已經準備好兩年的異地婚姻，先生將繼續在大陸努力做新一代公共知識份子，而她說她在台灣會幫老公長雙眼睛，為老公觀察台灣社會。

衆裡尋他千百度

章程是拿著日本北海道大學給他的獎學金來台灣的。他只為一個人而來，就是他現在的導師——司法院副院長、政大法學院教授蘇永欽。章程早在南京大學就讀大學部的時候，就在老師推薦下迷上了這位治學範圍廣泛、見解獨到的台灣司法界保守派學術領袖。大學畢業後，章程拿到北海道大學獎學金前往日本讀書，但對這位蘇老師一直念念不忘。

在北海道大學修得碩士後，台灣剛好開放招生。章程的日本導師很不理解，只看見人從台灣赴日本修法律的，他怎麼倒過來了？章程不管，政大法學院第一年沒有開放博士？那就報碩士；台大法律系有開放博士？不重要；沒錢？那就拿著北海道大學給的錢過來。他說：「大陸的民法承襲自台灣、日本、德國，但沒有人知道這段歷史，政大有個中國大陸法制研究中心，把這些資料都集中起來，就等於是法學界的故宮了。」

在政大，學業優良的碩士生可以直接升博士班，不過陸生礙於政策的限制卻不可以。轉眼間，已來到第二屆陸生招生的時候。二〇一二年，政大法學院爭取到博士的名額，章程回鍋重新申請。六月中，千呼萬喚中得到好消息，章程在臉書留下這段話：

今天收到博士班的錄取通知書，居然信封上連郵票都沒貼，因為是教務處請人直接從行政大樓拿到大陸法中心來的……大概是他們當成校內公文在傳遞了……

可是，對我而言，這卻是一份最特別的錄取通知書，我想，這也會是我一生中將一直引以為豪的一份錄取通知書。因為無論是終遂所願投入老師的門下，還是誤打誤撞成為政大的「兩朝元老（碩士班＋博士班）」，這其中的喜悅，真的是勝過一切言語。

二〇一二年九月，日本北海道大學法學碩士、第一屆陸生章程，終於如願成為政大法學院博士班的第二屆陸生。

經歷豐富的台大國際企業所博士生陳誠，是新一代大陸年輕人闖天涯的另一個代表。她來到台北後，撥電話給一位台灣友人。「你來出差嗎？」朋友驚奇地問道。「沒有。」陳誠淡定地回道：「我來念台大了。」

一年前，友人開車帶她路過台大的門口時，她還是富士康的一名員工。朋友問她要不要到著名的椰林大道走走，「不了，天這麼黑怎麼走啊，說不定我明年就來念了。」她回答。結果真的就來了。

陳誠收過香港大學的錄取通知書，也到美國讀過ＭＢＡ（企業管理碩士），考過司法考試，也當過時尚雜誌的編輯，在製造業做過，也在金融業做過。二十三歲前她一直在重慶，出川後就再也收不住自己的腳步了。

出川

重慶和四川簡稱「巴蜀」，地處中國西南的盆地之中，四面均為高山峻嶺，土壤肥沃，百姓生活安逸，自古即為「天府之國」。是故，對於巴蜀人來說，「出川」象徵一種「逐鹿中原」的勇氣。

來台灣前半年，她在北京的西直門外大街找到了她想要的工作，但一直覺得自己專業不夠，想再念個書。沒想到傳說中一直說要開放的台灣真的就開放了，她直接把準備報北大的資料投過來，而現在她已經是台大國企所讀書、享受台北自由風氣的城市達人了。

命運的安排，還是美麗的巧合

相較於在社會中摸爬滾打過，才來讀研究所、博士班的學長學姐，那些剛剛高中畢業，從中國大陸千軍萬馬過獨木橋的高考中走出的九〇後少年，懵懵懂懂來到台灣，自己也不知道這是命運的安排，還是一個美麗的巧合。

第一屆陸生招生資訊公布得很晚，在指定招生的六省市中傳播力度也不均勻。報名之前，不少人對自己報考的台灣院校一無所知，只能通過各種小道消息，或者翻過防火長城，龜速瀏覽台灣的網站[2]，尋找有用的隻言片

[2] 台灣的大學網站在中國大陸並未被封鎖，但是很多陸生均反映，瀏覽的速度非常慢。

語，通過種種臆想和猜測，決定自己這四年的未來。

「刀哥」余澤霖現在已是陸生中高曝光率的人物，他來台一年的經歷常常見諸台灣各大媒體。出生於江西景德鎮，在「西部大開發」[3]的洪潮中隨父母去貴州生活五、六年，後來又去了廣東。刀哥一家可謂跑遍小半個中國。

刀哥的老爸在家中架有「大鍋」（衛星接收碟型天線），長期通過衛星收看台灣的電視節目，可能比某些台灣人還瞭解台灣的新聞。高考最後一天，刀哥在考場裡面考試，他爸在外面的車上吹冷氣等他，聽到中央人民廣播電台的《中國之聲》：「台灣首次在陸招生，招生遇冷……」於是刀哥從考場裡一出來，他老爸就拉上他的手說：「走，我們報名去！」老爸的一句話把他送了過來。

刀哥一家是中央電視台《海峽兩岸》節目的死忠粉絲，中國文化大學的江岷欽教授經常上節目評點時事，一家人都很喜歡他。再加上刀哥喜歡歷史，想比較兩岸史觀的不同之處，也想開拓眼界，於是就報了文化大學歷史

3 中國政府自二〇〇〇年起開展的推動西部地區經濟、社會發展的策略。

學系。

在大學部的陸生來台前一年裡，大多在做同一件事——準備高考。高考的全稱是「普通高等學校招生全國統一考試」，中共建政後於一九五〇年代正式確立，文革期間曾中斷幾年，一九七七年恢復後，幾乎是全國高中畢業生升大學的唯一途徑。根據省市和文理分科，考試科目包括語文、數學、外語、物理、化學、生物、地理、歷史、政治等。在每年六月七日起的兩、三天裡，全中國大陸近千萬考生頂著酷暑前往戒備森嚴的考場考試，決定他們此後四年的人生。如果成績不理想，很多考生都不惜再「復讀」（重考），來年再戰。高考被喻為「新時代的科舉」，對大陸很多年輕的一代來說，高考就是人生的一道獨木橋，之前十八年的人生都是為此一搏。

現在就讀逢甲大學的吳梓杰，來自自古才子輩出的杭州西子湖畔。現在教育競爭愈發激烈，他周邊不少同學在高中就被送到國外讀書。高三的時候，他每天早上六點起床，七點到學校早讀，下午五點下課，直到九點晚自習結束才能離開學校，即便十點回到家後，還要再加班，到十一、二點甚至凌晨一、二點才睡。每個高中生基本都是如此。

當年在一起奮戰的七萬名杭州考生中，吳梓杰的高考成績排到兩千名，進不了他想去的浙江大學，而在大陸的名牌九八五高校中，他的選擇餘地也比較小。逢甲大學為第一年的陸生募取了獎學金，他索性就來逢甲讀財金。高考後，他很平靜，一件事情終於完成了，十八年苦讀就是為了它。來台灣後，他很想看看國立大學長什麼樣，考慮報考台大或者政大的財金研究所，只不過他很疑惑，四年以後是不是還要以陸生的身份跟大陸的同胞再競爭一次。

金韞昊來自蘇州，對她來說，中學就是寫不完的作業。高中三年住宿的她，每天早上六點半就要上第一節課，直到晚上十點半上完晚自習。高三的時候，即便宿舍熄燈後，還有人偷偷躲在被窩裡打著手電筒看書。高考前，她沒有很大的把握可以考上很好的學校，而位於台中的弘光科技大學剛好給了她的高中兩個名額。有一天，媽媽問她想不想去台灣的學校，她說「想啊」，於是媽媽就讓她報名來了。

九八五高校

「九八五工程」即大陸重點建設的三十九所名牌院校。一九九八年五月四日，時任中國國家主席江澤民在慶祝北京大學建校一百周年大會上提出：「為了實現現代化，我國要有若干所具有世界先進水平的一流大學。」由此，中國教育部決定在實施《面向二十一世紀教育振興行動計劃》中，重點支持國內部分高校創建世界一流大學和高水平大學，並以江澤民在北京大學一百周年校慶的講話時間（一九九八年五月）命名為：「九八五工程」。最初，有九所大學被選定以「世界一流大學」為目標，其後九八五工程擴大，先後選定其餘的三十所大學，以建設「國際知名大學」為目標。

中國大陸與台灣有著相似的考試文化，但大陸學生在高中時期的壓力則遠遠高於台灣同齡學生。高考的結束對他們來說是一種解脫。很多考生高考後會撕課本宣洩壓抑已久的情緒。金韞昊考完的當晚，同學們把很厚的一疊疊考卷撕成碎片，從高樓扔下去，漫天漫地全是。她們追著飛舞的碎屑下樓，用力地踩。

在格外注重考試的中國，孩子從小就要開始競爭。隨著國門的打開，海外留學成了高考外的一條蹊徑。金韞昊來台灣讀的是應用英語系，這是在大陸沒有的系，多益[4]需要七百分才能畢業。在她看來，這邊的證書比大陸什麼四六級[5]有用多了。而媽媽覺得，第一年來台灣讀書的，回去的時候也是第一年，會比較好找工作，就像很早很早前，有張海外的畢業證書會讓人覺得很了不起。

4 Test of English for International Communication，簡稱TOEIC Test。

5 中國大陸的全國大學英語考試設有四級和六級，此外還有英語專業八級考試。

靜宜大學的陸生蘭青來自與金門一海之遙的廈門。她從小就跟很多台商子女一起上課，關於兩岸的比較，從小爭論到大。在她們那裡，「台胞」享有優惠政策。台商子女高考四百分就可以考上全國聞名的廈門大學，而她需要六百五十分才能考上。

在被台灣學校錄取前，蘭青一直不敢相信能來。她高考沒考好，跟正常水平差太大。她問爸爸怎麼辦？爸爸說：「台灣招生第一年耶，你要不要去，本二[6]以上就行了。第一年，應該有優惠政策吧。」網路放榜那天下午，一家人在電腦前緊張地刷結果，她真的就上了。周邊的人們說：「蘭青運氣不錯啊，你看，多有福啊，台灣第一年就錄取，而且費用也不會太高啊。」

近年來，隨著高等教育產業的全球化趨勢，大陸的大學院校已不再是每年近千萬高考考生的唯一選擇。遠的有歐、美，近的有港、澳、日、韓、

6 「本二」即本科第二批錄取分數線。粗略來說，大陸大學分重點本科（一本）、普通本科（二本）、獨立院校（三本）等。

新加坡。今年台灣開放，為沿海六省市的少數學生和家庭提供多一種選擇。但第一屆招生，大學部沒有國立金字招牌的名額，再加上宣傳不足，只有很少數學生抱著冒險的心態踏上了赴台之旅。[7]

因部落格文章〈我在台灣，我正青春〉聲名大噪的淡江大學陸生蔡博藝，就是典型代表。高中時曾經和母親來台旅遊的她，報的是淡江大學日文系。爸爸曾經堅持反對，但反對無果，只能玩笑說：「你來的是是非之地，學的又是敵國的語言。」「我被錄了以後，我爸哭死了。」她說，「他哭了以後，我就覺得一定要過來。」

在廣東省湛江市，二〇一二年只有兩個學生選擇來台讀書，目前就讀義守大學的尹星就是其中一位。他許多高考成績不理想的同學都選擇了重讀，同學志願都還沒填的時候，他申請台灣的錄取結果已經出來了。「你們慢慢玩，哥不陪你們了！」尹星用大陸流行的網路用語開玩笑道。

7 在台灣朝野妥協的結果下，目前公立大學院校不能招收大學部陸生，只有研究所可以招收陸生，且其學費比照私立大學，理由是「不影響台灣學生的就學權益」。

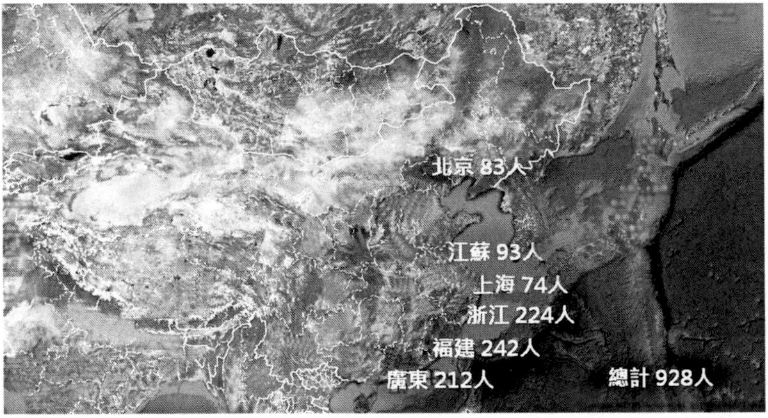

省市	報名人數	錄取人數	註冊人數	錄取比率	報到比率
北京	199	138	83	69%	60%
上海	171	108	74	63%	69%
江蘇	211	122	93	58%	76%
浙江	395	298	224	75%	75%
福建	464	298	242	64%	81%
廣東	465	301	212	65%	70%
合計		1265	928		73%

資料來源：大學校院招收大陸地區學生聯合招生委員會《二〇一一年陸生統計資料》

在全球化的時代，人與人的距離變得既親近又遙遠，如果不是來台灣，賈士麟與曾經同住在一個城市一街之隔的張可，可能一輩子也不會認識。世界和中國都在發生巨大變化，「陸生們」是時代洪流中的一份子，帶著只屬於自己的最真實故事。「為什麼來台灣？」這個已經回答到爛的問題，千名陸生大概還要回答下去。多年以後回想起來，或許當初的答案已經不再重要，也或許將繼續刻骨銘心。

年輕冒險家們跨海來了，他們在台灣的校園和社會裡，會迸發哪些精彩的故事？也許，在進入他們的故事之前，我們應該回首，簡單地看看這扇歷史的大門，如何得之不易地打開……

02

拳頭

敲開的大門

02 拳頭敲開的大門

「為什麼要來？」是鑲嵌在這些年輕生命故事裡形形色色的主觀動機，「為什麼能來？」卻與兩岸錯綜複雜的政治判斷攸關。這扇門的開啟，得之不易。這是一扇經歷多輪政治攻防之後，用拳頭敲開的大門。

二〇一〇年四月二十一日，時任教育部長的吳清基，一早來到立法院教育及文化委員會的議場，立刻瞥見座位已被綠營立委占住，部長只得隨意坐在一旁。不光官員席，包括主席台、質詢台等「戰略要地」都站滿了人。

時辰一到，兩名議事人員在藍營立委的護衛下上台誦唸議事錄，數名綠營立委一擁而上搶奪資料，頓時尖叫聲四起。曾經是跆拳道國手的黃志雄伸長雙臂，護著議事人員從混亂中脫困，才完成程序。

接著，擔任主席的國民黨籍立委趙麗雲上前準備宣布開會，戰火瞬間爆發，雙方人馬簇擁著摀嘴、勒頸、拉手、抱腿、扯髮。主席在人海中伸長脖子，仰天拼命大嚷議事內容，兩腳也沒停下，步步後退。

一線進攻的與貼身護駕的捉對廝殺，二線補給的與替主席幫腔的掀桌互罵。趙麗雲臉色蒼白，退無可退，撐著一口氣說出「會議結束」、「散會」，立時暈眩倒下，被緊急送往台大醫院。[1]

這是二〇一〇年四月立法院初審陸生來台法案的畫面，只不過，這不是第一個戰場。因為這個烽火，已經綿延好幾十年了。

烽火相連二十年

海峽兩岸戰火偃兵息鼓後，冷戰了幾十年。終在一九八七年，大時代裡的遺民拄著拐杖返回鄉里探親，緊接著商業、文教也趁隙泅泳而過。商賈反渡黑水溝，游向大陸市場尋求新的生機。學生也背上不被承認學歷的包袱，負笈大陸高等院校。

雖然兩岸的官方已經從過去相互敵視轉變為現在的「特殊關係」，但無論是政治、經濟、文化還是教育，只要伸腳跨足兩岸的，都像涉險走在鋼索上一樣。

1 二〇一〇年四月二十二日，楊湘鈞，〈掐摀推拉，二十分鐘肉搏，趙麗雲昏了〉，聯合報，A3版。

二〇〇四年，二十幾位赴北京大學、清華大學、首都醫科大學及北京中醫藥大學求學的台灣學生，因為就讀的學校不被教育部承認，沒有學籍據以辦理緩徵，因此相繼以逃避兵役的罪嫌遭到起訴，四位學生甚至被判決三個月至三年不等的有期徒刑，[2]引起輿論譁然。

一直到現在，仍然有許多人指責到大陸求學的人是「違法」、「偷跑」。但其實早在一九九二年通過「兩岸人民關係條例」時，就已經賦予採認大陸學歷及開放陸生來台的法源依據。一九九七年，教育部更依此條例公布各種具體的執行辦法及要點，甚至包括七十三所採認學歷的名單，企圖正式打開文化教育的大門。

不料當時教育部長吳京這個突破性的舉動，被總統李登輝視為盲目與躁進，三個月後，吳京即為此下台。而後接任部長的林清江，一上任就宣布暫緩所有採認學歷及陸生來台的法案。

2 二〇〇四年四月十三日，賴錦宏，〈沒服兵役，留學大陸，台灣判刑〉，聯合報，A6版。

儘管正式學位的路被封死，但政府依舊擋不住兩岸文教交流的呼聲，內政部只得以行政命令開放大陸學生來台短期研修，但最多僅四個月，不足一個學期，學生根本沒有足夠的時間完成學分，有些學校只好另外安排課程幫忙補足時數。

民進黨執政後，兩岸政策更加緊縮，對執政團隊而言，除了開放陸生有如「木馬屠城」外，時任教育部長的杜正勝也指出採認大陸學歷的危險：「教育部不採認大專以上學歷原因很多，包括涉及國家安全。大陸大學擴張太快，素質良莠不齊。採認大陸學歷，可能衝擊國內招生及就業市場。且大陸教育規定必修馬克思主義等政治思想，沒有教育中立。」[3]

當政權再輪回國民黨，尺度就立即拉開，馬英九在二〇〇八就職當年，就把大陸學生停留時限延長為一年，自此大陸學生蜂擁交換至締有姊妹關係的學校，而且數量節節升高。此舉，正是為開放學位生測試水溫。

---

3 二〇〇六年五月十九日，張錦弘，〈大陸生來台讀大學立委提案促開放〉，聯合報，C7版。

六十餘年間，兩岸從怒目相視到暫放干戈，從企業西進到戒急用忍；從「積極開放，有效管理」到「積極管理，有效開放」，最後到與大陸官方的有限度接觸，不管開與闔之間是否各有算計，兩岸慢慢融冰是個事實，藍與綠卻依然凍得很僵。

陸生來台是「三贏策略」，還是「教育敵人的子弟」？

總統馬英九在競選總統期間，便宣示當選後將開放陸生來台，就任後更大刀闊斧推動修法，當時他疾呼這是「國家社會利益」、「高等教育發展」、「青年學子學習」的「三贏」策略。[4]

另一邊，民進黨則聲稱將傾全力攔阻。二〇〇八年十月，立法院廣場豎起一片片高大的保麗龍骨牌，綠營立委推倒第一塊「陸客來台」，接著是「陸資來台」、「陸生來台」、「承認中國學歷」、「陸生加分」、「搶奪教育資源」、「台生出走」、「私校倒閉」、「漢語拼音」、「廢繁體

4 韓宜娟，二〇一〇年，〈陸生來台動機與生活適應〉，台灣師範大學教育學系碩士論文。

改簡字」；當教育資源全數崩潰之後，接著倒下的是工作機會，「證照變壁紙」、「搶占工作找無頭路」、「薪資大降生活貶值」。最後一塊是「簽CEPA賣台灣」。

當執政黨高舉「開放」的大旗時，勢必會襯出反方「鎖國」的形象。「全球化」、「國際化」這些詞彙常常閃爍著耀眼的光芒，似乎代表著進步、正向、光明。但全球化是否必然是一條康莊大道？而在這股浪潮襲捲之下，受益的到底是誰？

因著這樣的思考邏輯，與「開放」對立的一方擔憂的是破除壁壘後的資源重分配問題。就像一片田野引入其他物種後，極可能吸取當地的營養成為優勢物種，打破原本環環相扣的生物鏈，最後原本的生態系統完全瓦解。

反全球化的人認為，在世界貫通的分工體系裡，操縱槓桿的通常是擁有資本及權力的人，無權無勢的弱勢群體只能在翹翹板上高低起伏、東仆西倒。

反對招收陸生的人士也認為，陸生來台將直接衝擊教育資源。他們援引統計資料指出，一名大學生一年所需的教育經費，依學門不同約從二十萬至四十萬，而政府對每位學生的補貼高達十萬左右。因此即便就讀國立大學的陸生必須繳納等同私立大學的學費，仍然可以獲得高額補貼。意思就是納稅人要花錢「供養」陸生。[5]

就算台灣的大學數量眾多，但分數最高的幾所國立大學仍舊是學子搶破頭的目標，台灣學生不免擔憂陸生排擠了本地人的升學機會。一位已經升上政大法律系的學生就憂心忡忡地嘆道：「多少個夜晚我們身旁堆著比人還高的參考書？多少個白天我們睜著睡眠不足的雙眼寫過張張試卷？多少本教科書曾經占滿我們的視線？多少次師長父母的期望推著我們向前？社會大眾看見了七分能上大學，卻不知金字塔頂端人人稱羨的學府需花多少心血？」[6]

另一方面，政府主張陸生是外加名額，但隨著學生人數的增加，教授數量並不會跟著增漲，前中山大學校長張宗仁便指出這將導致師生比例失衡，大幅稀釋教學數量及品質，也危及台灣學生的受教權。[7]

5 二〇〇八年十一月十一日，林曉雲，〈立委提案　確保防弊陸生才能來〉，《自由時報》。
6 二〇〇八年十月十二日，楓紅，〈法律系無奈〉，《自由時報》。
7 二〇一〇年十月二十五日，黃以敬，〈張宗仁：兩岸教育協議　勿損台生權益〉，《自由時報》。

緊接著，排擠工作機會的疑慮也浮上檯面。雖然目前政策阻止陸生留台工作，但中原大學化學系講座教授廖俊臣擔心，在WTO及ECFA等國際層級的協約架構下，究竟能夠阻擋這股壓力多久，實在難以預料。[8]

民進黨籍彰化縣議員梁禎祥便不服氣地指出，台灣替中國培養菁英，中國學生卻可能回頭剝奪台灣學生的工作權益，實在不合理。[9]就連國民黨籍立委趙麗雲也說，目前失業人口有百分之五十六是三十歲以下的青年，如果開放陸生來台，民間企業可能因為陸生「俗擱大碗」、「吃苦耐勞」而大量雇用，這將導致青年失業率再往上升。[10]

中國醫藥大學一位長期輔導陸生的老師，雖然深受陸生愛戴，但是當她觀察到陸生在學業上的認真態度時，不免也替自己的孩子感到緊張，甚至憂慮台灣子弟的未來。

不同於此，清雲科技大學副教授章鴻基認為對於學有專精的陸生，反

8 二〇一〇年五月三日，黃以敬，〈廖俊臣：招收中生、採認中國學歷　應脫鉤〉，《自由時報》。
9 二〇〇九年六月十九日，吳為恭，〈承認中國學歷　梁禎祥堅決反對〉，《自由時報》。
10 二〇〇八年十一月十一日，林曉雲，〈立委提案　確保防弊陸生才能來〉，《自由時報》。

而應該鼓勵畢業後留在台灣。他認為，一個人才可以創造數倍的就業機會及對產業的優勢。[11]

香港對留住人才就很積極，通過專項人才計畫來港的人士，只要在香港連續居住及工作滿七年，便可以取得永久居留權。

不過陸生來台除了有侵奪資源的疑慮外，也連帶使台灣產生人才出走的危機，因為要開放陸生來台就讀碩博士，就不得不承認他的大學學歷。宜蘭縣商業會理事長李連福擔憂，大陸學費低廉，取得學位、考取證照都較為容易，加上龐然的市場商機，大陸的大學可能對台灣產生磁吸效應，把台灣的學生一股腦吸過去。[12]

張宗仁也引大陸官方統計指出，台灣迄今已有超過一萬五千名學生到對岸讀書，最近更直接開放台生憑學測成績入學，台生恐將趨之若鶩。[13]

---

11 二〇〇九年六月二十日，胡健森，〈《教育部舉辦座談會》開放陸生來台　反對質疑雜音多〉，《自由時報》。

12 同前註。

13 二〇一〇年十月二十五日，黃以敬，〈張宗仁：兩岸教育協議　勿損台生權益〉，《自由時報》。

因此立委管碧玲便主張政府在召開「江陳會」時，應要求大陸也對台灣學生施以「三限六不」等政策限制，例如不准發給獎學金等，以抑制台生赴中的熱潮。[14]

除此之外，梁禎祥以「黑心商品」取譬，認定大陸假造文件的風氣猖獗，屆時恐怕有不少陸生以假學歷來台，降低台灣的教育水平。[15]也有人擔心陸生假借讀書名義來台非法打工，民進黨籍縣議員黃適超批評過去政府開放中國新娘，引發不少假結婚、真色情的問題。[16]

不同於憂心大陸大學品質的論調，有些人其實認為台灣的大學可能無法吸引最優秀的陸生來台，廖俊臣說道：「我懷疑真的會有那麼多陸生要來台灣？優秀有錢的陸生，應會以歐美、日本的大學為首選，其次可能會選香港、新加坡，台灣未必是首選。除台、成、清、交等國立大學，台灣的大學

14 二〇〇九年十二月十日，邱燕玲、范正祥，〈承認中國學歷後　立委憂磁吸效應〉，《自由時報》。

15 二〇〇九年六月十九日，吳為恭，〈承認中國學歷　梁禎祥堅決反對〉，《自由時報》。

16 二〇〇九年六月二十日，胡健森，〈《教育部舉辦座談會》開放陸生來台　反對質疑雜音多〉，《自由時報》。

有多少競爭力能吸引優秀陸生，必須認清這是嚴峻的挑戰。」[17]

苗栗前建台中學校長徐文禮先不談歐美名校，他認為大陸已有北京大學等不少國際知名學校，台灣對陸生不一定有吸引力。因此許多人擔心，台灣還沒招到頂尖的大陸學生，自己的優秀子弟就都跑到中國去了。[18]

再者，開放陸生究竟是「國際化」還是「中國化」，也在台灣內部鬧得不可開交。就世界各國觀之，高等教育發達的國家都吸引大量國際生前往，以鄰近東亞來說，日本的國際生約有十二萬人，韓國有七萬，而美國身為全球最大的留學母國，國際生人數則達七十二萬人。

反觀台灣，台灣的國際學生僅有兩萬人，其中僑生就占了一半，以越南最多，占兩成；馬來西亞次之，占一成八；第三為印尼，約零點九成。另外一半不具僑生身分的外籍生數量，連韓國的四分之一都不到。

17 二〇一〇年五月三日，黃以敬，〈廖俊臣：招收中生、採認中國學歷　應脫鉤〉，《自由時報》。

18 二〇〇九年六月十九日，李信宏，〈教育部開放陸生來台座談會　學者質疑：為何不靠中國就說鎖國〉，《自由時報》。

前經建會副主委單驥就慨嘆，「台灣教育師資和軟硬體設備都足夠，卻把自己搞得狼狽不堪，私立大學招不到大學生，面臨關門窘境，任教的知識份子也流離失所。」他呼籲台灣不能再緊閉大門。

不過世界各國在國際化的過程中，都免不了中國的影響。在日本的外籍生中，來自中國的高達七萬，占外籍生六成之多。韓國的中國留學生有五萬餘人，比例更高達七成。同樣的，留美的中國生也位居首位，有十五萬人，比例超過二成。

其實現在台灣的陸生已有一萬人，只是多數都是短期停留，並未就讀學位。張宗仁憂心，如果未來開放陸生的數量呈直線成長，國際生又沒有多元且穩定的來源，陸生將成為國際生中的大多數，而且門一旦打開，就不可能關上。他指出，「這根本不是國際化。」[19]聯合大學電機系助理教授陳美玲也直斥，「國內的高等教育問題竟然淪落到要靠中國才能解套，其他國家也

[19] 二〇一〇年十月二十五日，黃以敬，〈張宗仁：兩岸教育協議　勿損台生權益〉，《自由時報》。

有優秀學生，政府為何獨厚中國？」[20]

同樣的問題在香港已經慢慢浮現，目前香港各大學的外籍生比例約為百分之二十，可是當中有高達八、九成是來自中國大陸的內地生。一九九八年香港八所大學首次招收內地大學生，初期只有數十人就讀，此後逐年增加，二〇一一年已經上升到四千多位。[21]二〇一二年起，香港的大學學制從三年改為四年，各校隨之把內地生名額調高，這一年報考人數即大幅攀升，尤其香港科技大學更較前一年增加百分之五十三。二〇一二年後，香港各個大學錄取的內地新生人數將超過一千六百位。[22]

20 二〇〇九年六月十九日，李信宏，〈教育部開放陸生來台座談會　學者質疑：為何不靠中國就說鎖國〉，《自由時報》。

21 根據香港特區政府「大學教育資助委員會」資料，一九九七年回歸中國之後，內地學生就讀學士學位課程人數從一九九七、一九九八學年度僅七人，增加到二〇一一、二〇一二學年度的四千五百八十二人，增加了五、六十倍。就讀研究院課程人數也在十五年間從九百三十七人增至四千三百五十三人，增幅逾三點六倍。

22 〈香港高校招收內地生結束　申請人數較去年大幅上升〉，中央人民政府駐香港特別行政區聯絡辦公室，http://www.locpg.hk/big5/shouyexinwen/201207/t20120710_6129.asp

台灣另一項高等教育危機是少子化，目前大專院校的缺額率已突破兩成，因此教育部初始以「生源不足」主打陸生政策，試圖說服社會大眾將陸生當作解救危機的良方。不過廖俊臣指出：「要解決國內大學面對少子化的招生壓力，恐怕不能寄望招收陸生，政府應該回歸源頭，去檢視目前國內大學廣設太多的問題，真的招不足而虧損的大學，就要讓其退場、關閉。」[23]

就在解救生源危機與任令大學退場的論調出現矛盾後，教育部的政策說帖突然大轉折，在〈政策緣起〉一節不再提及大學招生不足的窘境，次長呂木琳也說：「有人認為開放陸生來台是解決我們私校招生不足的問題，不過教育部的考量是比較高的層次，我們希望兩岸交流，讓大陸學生來台跟其他國家的學生一起在我們的校園，和我們的學生一同學習和切磋，讓我們的高等教育站在國際視野來思考這個問題。」[24]

23 二〇一〇年五月三日，黃以敬，〈廖俊臣：招收中生、採認中國學歷應脫鉤〉，《自由時報》。
24 二〇〇九年五月二十一日，《立法院公報》，第九十八卷，第二十九期。

然而，陸生來台是不是「學習和切磋」，也引起不小的論戰。「中國在〈反國家分裂法〉中明白規定，要用武力攻打台灣。中國不是台灣潛在敵人，而是真正的敵人。」前立委蔡同榮高分貝質疑：「為什麼要教育敵人的子弟？」[25]台聯主席黃昆輝也警告：「如果中國共青團順利進入台灣各大專院校，恐怕會有國家安全疑慮。」[26]廖啟辰同樣深深憂心「政治學生」的入侵。[27]

哈佛大學費正清中國研究中心學者林泉忠卻提出截然不同的觀點，他認為走進台灣學堂的陸生，即使心裡仍然堅持兩岸統一，但看遍了美麗的寶島及安居樂業的人民，認識到中華民國還存在台灣後，或許就不會為了完成「祖國統一大業」而支持訴諸武力。林泉忠言之鑿鑿地指出，陸生是「阻止主權流失的最後一張王牌」。[28]

25 二〇〇八年九月二十三日，蔡同榮，〈陸生搶飯碗，威脅台灣安全〉，《聯合報》，A11版。
26 二〇〇九年六月一日，嚴文廷，〈開放陸生來台　百餘學者反對〉，《台灣立報》。
27 二〇一〇年五月三日，黃以敬，〈廖俊臣：招收中生、採認中國學歷　應脫鉤〉，《自由時報》。
28 二〇一一年九月五日，林泉忠，〈陸生來台，阻止主權流失的最後王牌〉，《中國時報》，A14版。

在全球化的洪流中，資金、商品的來來去去，沒了邊界的阻隔，使得貿易愈來愈順暢。但反對者認為人力在全球化的操作模式下，將質變為去人性化的商品，只有不斷往身上追加商品價值，才能在這樣資本爭奪的戰場中勝出。

是故，全球化從歷史到現在都是一件非常殘酷的事，背後有種族、性別、階級的不平等，更伴隨著剝削、物化、身份認同、國仇家很、兒女情長等種種問題，它並不浪漫。

不過也有人認為：「別以為台灣把大門緊閉，就能『保護』台灣學生的就業機會，或『節約』台灣的教育資源。」因為世界是平的，一切競爭早就穿疆越界在進行，一名在中國或印度苦讀的學生，也能悄悄搶走其他國家青年的就業機會，因此就算大陸學生沒有來台灣就學，他們與台灣未來的競爭，照樣隔海激烈進行著。因此，無論台生赴陸或陸生來台，「只會增加其參與兩岸競爭及國際競爭的條件，應該給予鼓勵，而不是懲罰。」[29]

[29] 二〇〇九年十一月二十日，焦點社論，〈採認大陸學歷以增加台灣學生競爭力〉，《聯合

高等教育與全球化

看起來，全球化的概念有時要與高等教育脫鉤視之，淡江大學中國大陸研究所教授楊景堯就跳脫對立的論述，將問題核心指回高等教育的本質。他認為高等教育的本質有三，第一是選擇性的教育，第二是跨國性教育，第三是專業性教育。[30]

在第一點，學生有權依照自己的興趣及意願選擇自己想要的大學教育，學校也可以劃分領域、設立門檻來挑選符合條件的學生。因此，雙向自由選擇是高等教育的基本原則。

在第二點，高等教育有別於基礎教育，基礎教育在於教導學生學習該國公民所應具備的基礎能力，教育者通常會以該國的文化、傳統甚至意識形態為教學重點。但高等教育接納的對象沒有國籍之分，也不帶有強制性的心智形塑目的，因此不應該把政治現實帶入高等教育的內涵。

報》，A2版。

30 楊景堯，二〇〇四年，〈開放大學學生來台就學對台灣私立大學生存之助益〉，《展望與探索》，第二卷第九期。

在第三點，高等教育是用來培養特定專業的能力，不論受教育的人來自何方，都不會改變專業學門領域的內涵，也不會影響高等教育的任務。

身為高等教育的傳授者，多數大學校長認為開放陸生是不可多得的機會。二〇〇八年，中華民國木鐸學社公布針對全國一百六十六所大專院校校長所作的民調，有高達百分之九十一點六贊同開放陸生來台攻讀學位。

其後，國立大學、私立大學、私立技專等三大校院協進會也聯合要求政府盡快開放陸生。國立大學代表李嗣涔懇切地說：「留學經驗讓人一輩子忘不了，希望大陸未來的總理是『台大的畢業生』。」私立大學代表李天任指出：「愈早開放，台灣高教對大陸影響力愈大。」私立技專代表谷家恆則說：「台灣的技職體系健全，反而是台灣對大陸產生磁吸效應。」[31]

然而，在三大校院協進會高調聲明後的半個月，一百四十六位教授在台聯主席黃昆輝的發起下，同樣以學者身分聯合主張「反對中生來台、承認中國學歷」，包括台大教授蕭新煌、陳春生、蕭裕源，中研院院士林秋榮、

[31] 二〇〇九年5月14日，陳智華，〈三大校院協會：快開放陸生〉，《聯合報》，A9版。

陳定信等均認為，「我們的教育問題，必須自己設法解決，絕不能連教育問題也要『依賴中國』！」[32]

二〇一〇年四月二十日，立法院教育及文化委員會開審「陸生三法」[33]的前一天，九位國立與私立大學包括台大、政大、成大等校長聯袂召開記者會，呼籲立法委員放行陸生法案。但會後馬上被立委李俊毅抨擊：「你為什麼要介入政爭呢……這就是政治校長！搞選舉、搞政治的校長！」[34]

結果開議當日，全台超過一百位校長、副校長齊聚立法院「監督修法」，而綠營除了發出動員令，重兵集結全力攔阻外，也痛斥這百位校長是懾於大學補助款的威脅，才被教育部策動前來替國民黨助陣。

世新大學校長賴鼎銘形容道：「中國歷史上沒看過一百多位『國子監祭酒』齊聚立法院，就是為了陸生三法。」台大副校長陳泰然則是輕鬆以對

---

32 二〇〇九年6月1日，嚴文廷，〈開放陸生來台　百餘學者反對〉，《台灣立報》。

33 「陸生三法」是指針對承認大陸學歷、開放大陸學生來台就讀的《台灣地區與大陸地區人民關係條例》、《大學法》與《專科學校法》等三項打案的修正案。

34 二〇一〇年四月二十日，康仁俊，〈國立大學校長赴藍黨團支持開放陸生　李俊毅大罵政治校長〉，《NOWnews今日新聞》：http://www.nownews.com/2010/04/20/11490-2593939.htm。

地反問道：「我們需要被動員嗎？是教育部被我們動員吧！」

緊接著，立法院燃起狼煙、擂起戰鼓，藍綠雙方在百餘位校長面前激烈交鋒，直到主席暈倒送醫才結束這一回合的抗戰。

除了這場焦土戰，其實早在一年前綠營立委就使出堅壁清野的策略，當時二十幾個人反鎖在會議室裡五個小時，直到尿意憋不住了才衝出來上廁所，這場會議也就沒有開成。

因為反對陣營長期抗戰，執政黨開始採取迂迴戰略，馬政府的第一任教育部長鄭瑞城首度起出「三限六不」的提議，其後又衝突了兩年，國民黨與民進黨才在二〇一〇年八月協商停戰，允諾令「一限二不」入法，其餘以行政命令規範之。

經歷三年的折衝樽俎，《大學法》、《專科學校法》、《兩岸人民關係條例》終於修正通過，正式打開對陸生的大門。對於這樣的結果，藍營立委洪秀柱痛批國民黨處處退讓，「當初在委員會的架都白打了」；綠營立委管碧玲則在台上向支持者鞠躬，表示民進黨實力有限，只能阻擋到這個程度，「我們已經盡力了」。[35]

回顧這段歲月，從一九九二年法源萌芽，到二〇一一年陸生實際來台，前後經歷了將近二十年。

倉促登場的首屆陸生

在陸生議題上，「三限六不」是開放派和保護派在現階段達成的妥協，也是現階段台灣招收陸生的最基本框架。三限指的是限校、限域、限量：

一、限制採認大陸高等學歷：僅認可「九八五工程」高校等四十一所[36]大學學歷。

二、限制採認醫事學歷：否認大陸所有涉及台灣醫事人員證照的學歷。

三、限制學位陸生總量：以全台招生總量的百分之零點五到一為原則。

至於六不，指的是不加分、不減額、不獎助、不打工、不就業、不考照：

35 二〇一〇年八月二十日，程嘉文、羅印冲，〈陸生當同學，明年兩千人〉，《聯合報》，A1版。

36 除了九八五工程的三十九所大學院校以外，教育部還加入採認中央美術學院、中央音樂學院、北京體育大學三所文體類的學校，但扣除一所九八五中的國防科技大學，因此總計四十一所。

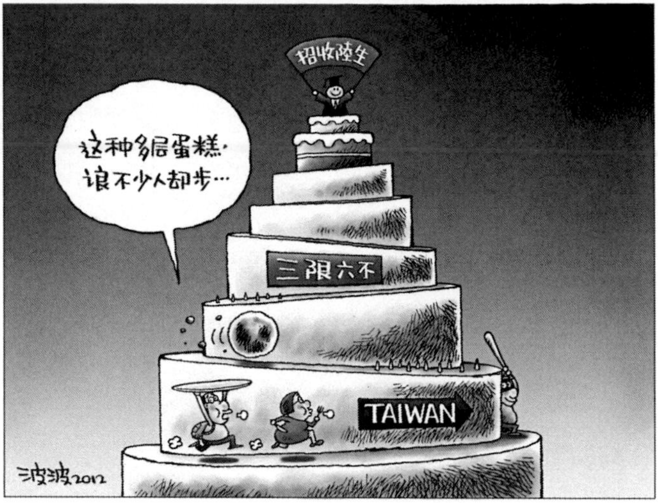

一、不加分優待：陸生入學考試不予加分。

二、不影響國內招生名額：陸生入學管道與台灣學生區隔，採外加名額。

三、不編列獎助學金：陸生不得領取政府編列的獎助學金。

四、不許在學期間工作：陸生必須符合「求學」的目的，不得從事任何有償工作。

五、不得在台就業：陸生停止修業或畢業後，一個月內必須離開台灣。

六、不得報考公職考試：陸生不得報考公務人員考試、專門職業及技術人員考試。

除了三限六不之外，台灣還規定大陸高中生不得報名國立大學、所有陸生不得納入全民健保，以及不得於在學期間與台灣人結婚，否則解除學籍、立即遣返。

除了台灣之外，大陸那邊廂也有限制，只有戶籍地落於北京、上海、江蘇、浙江、福建、廣東這六個省市才能報考，言下之意，即便大陸最頂尖的北大、清華畢業生，只要不是設籍上述地區，就不可能來台灣就學。

法制上雖然打開陸生的大門了，但實際的招生作業卻不是那麼從容。陸生三法於二〇一〇年八月修正通過，招生簡章卻遲至二〇一一年四月才公布，其中碩博士班五月截止報名，學士班則是六月截止，許多大陸學生在準備畢業或埋首高考之際，根本還不及意會到台灣的招生訊息。

最嚴重的是，學士班是憑高考成績參加分發，但碩博士班是採申請制，報考學生必須撰寫許多備審資料，寄至台灣的「大學校院招收大陸地區學生聯合招生委員會」（簡稱「陸聯會」），再由陸聯會分發至各校審查，決定錄取與否。因為還要考慮到郵件旅程的時間，實際上僅有不到一個月的時間準備資料，包括撰寫個人履歷、起草研究計畫以及找老師寫推薦函等，煞是急迫。

就讀中正大學歷史所的北京女孩陳爽說，當時她天天熬夜，為的就是在短時間內迅速趕出備審資料。而且因為報名學校及系所不同，準備的資料也就不一樣，光是研究計畫，她就按照報名的系所寫了三個版本。

事實上，由於兩岸文教長期隔絕，大陸學生對台灣的大專院校其實十分陌生，除了台、清、交、成以外，多數均未聽聞。因此許多私立大學早在招生前即趕往大陸各高中召開說明會，各省反應也不一。東海大學在福建莆田的說明會，現場高朋滿座。輔仁大學在北京的宣傳，也引來大批人潮，但換到廣東，一間可容納四百人的教室，只來了一百多人。

在台灣各私校前往大陸招生的時候，多數高中生都在備戰高考，除了媒體有零星報導，很多人根本不曾留意。《南方都市報》曾經報導，二〇一一年六月十日，廣州培正中學的應屆畢業生方小雲收到高中母校通知，隔天將有兩所台灣學校來作宣傳，就半信半疑的參加了。

但宣傳的校方頗為草率，投影片上的校園圖片前前後後只有一張，而校名聽起來也像個「野雞大學」。雖然許多同學中途離場，但方小雲耐著性子聽到結束，還追上校長問了幾個問題。校長一邊遞出名片，一邊笑呵呵地說道：「你發郵件給我，我就一定錄取你。」這時旁邊突然竄出另一位學生向那校長索取名片，方小雲疑惑地問道：「如果她也發郵件給你，你錄誰啊？」此時，校長緘默不語了。

由於台灣迄至目前還不准大陸學校來台宣傳招生，因此大陸也不同意台灣過去舉辦大學博覽會，只允許個別學校到各省的高中簡單宣傳。因此許多陸生只能依據稀少的印象及資訊，一校一系逐個點進網頁查詢，但是大陸要連到台灣的網站，網速會緩慢許多，因此許多陸生在模模糊糊之下，被迫作出重大決定。

對他們而言，這是一場人生的大賭博。來自福州、就讀東海大學電機系的葉孟元描述其父母的憂慮：「我爸媽考慮了非常多，想過以後出國怎麼走，甚至大陸會不會承認台灣的學歷；雖然是承認學歷，但很多公司不瞭解台灣的學校，他不知道到底好不好，也不知道成績怎樣，也不知道到底怎麼承認。」掙扎許久後，他們決定「博」這麼一次，「感覺是在『博』，賭博的博，拼一下試試。因為第一屆，大家都在觀望，不知道要怎麼辦，最後就試試看吧，第一屆走出來總會比較好一點。」

一位陸生也這麼賭下去了，他說香港第一年向大陸招生時，很多人也不敢下手報名，多數都在觀望，因此那一年錄取人數也不多。但隨著香港的知名度在大陸逐漸打開，愈來愈多的陸生心生嚮往，加上提供高額的獎學金，各省的高考狀元紛紛選擇就讀香港的大學。那位陸生感嘆，當初第一批赴港讀書的陸生，「真的是賺到了！」抱著放手一搏的心態，許多陸生踏上這未知的旅途。

「緊箍咒」下的果實寥寥

教育部核定第一屆陸生招收名額共兩千一百四十一人，其中碩博士班招收六百五十三名，學士班招收一千四百八十八名。而碩博士班的報名人數都少於招生人數，學士班的報名人數則僅超過招生人數約百人。

二〇一一年六月及七月分別放榜，碩博士班錄取兩百四十八名，學士班錄取一千零七十一名，但分別有四十四名及三百七十四名放棄報到及註冊，實際註冊共九百二十八名。相對於兩千一百四十一個總名額，第一年招生率僅達百分之四十三點三，連一半都不到，這還不包括開學後即放棄學業者。

另外觀察公、私立大學的錄取情形，以私立學校的報名、錄取、註冊人數最多。除了台大之外，數量排名前十的都是私立大學。

對於這樣的成果，教育部表示「尚可接受」，認為較諸香港第一年招收內地生的情形，台灣毫不遜色。教育部檢討之後，將缺額率過高歸咎於招生時程太匆促、宣傳不足、三限六不過於嚴苛、各校篩選嚴格等。

二〇一一年九月，九百二十八位學位陸生正式登台，在這一年的歲月中，教育部辦了幾場傾聽陸生的座談會，民間團體也舉辦數次台生陸生對話的論壇，甚至陸生也與馬英九在公開場合面對面座談。陸生普遍反映，三限六不這個緊箍對平常的吃飯、睡覺、讀書不會有什麼影響，但只要一腳稍微跨出狹促的範圍，緊箍會馬上收束，痛徹頭皮。許多台灣人也指出，這些限制是招生不如預期的最大元凶。

歲月匆匆流過一年，又到了招收第二屆陸生的時刻，但既有的限制都沒有改變，只有招生手法有些許微調。在學士班的部分，僅限高考成績在「二本線」以上才能報考；在碩博士班的部分，增加了備取機制，讓名額盡可能招滿。

第二屆招生名額同樣是兩千一百四十一名，其中碩博士班招收五百七十五名，學士班招收一千五百六十六名。碩博士班的報名人數都少於招生人數，學士班的報名人數則超過招生人數約六百名。

放榜之後，碩博士班錄取三百二十九名，學士班錄取九百九十九名，但分別有十九名及三百二十二名放棄報到，實際報到共九百八十七名。相對於兩千一百四十一個總名額，招生率為百分之四十六。

主事者為了涵容贊成與反對兩股對立的力量，在制定政策時拐彎抹角，以迎合兩方的要求。對於這樣的結果，任內開放陸生來台的前教育部長吳清基事後表示：「我們自己這樣訂也很不好意思」，不過這是「為了減輕政治對抗力

陸生數量最多的前十院校

註冊人數排名	註冊人數	錄取人數	報名人數
1	銘傳大學（80）	淡江大學（105）	輔仁大學（705）
2	淡江大學（78）	輔仁大學（104）	逢甲大學（456）
3	中國文化大學（68）	中國文化大學（94）	東海大學（415）
4	輔仁大學（57）	銘傳大學（92）	銘傳大學（389）
5	國立台灣大學（52）	中原大學（73）	中國文化大學（363）
6	中原大學（49）	東海大學（64）	淡江大學（342）
7	靜宜大學（43）	國立台灣大學（56）	中原大學（304）
8	東海大學（38）	靜宜大學（51）	國立台灣大學（205）
9	元智大學（28）	元智大學（41）	元智大學（178）
10	世新大學（28）	逢甲大學（40）	靜宜大學（156）

資料來源：大學校院招收大陸地區學生聯合招生委員會《二〇一一年陸生統計資料》

量，權衡之下不得不的做法。」[37]另一邊，蔡英文曾在競選總統期間與陸生互動，她也表示：「三限六不無可奈何，但也是必要的。」[38]

37 二〇一二年五月二十七日，游婉琪，〈陸生來台「三限六不」吳清基籲鬆綁〉，《中國時報》。

38 二〇一二年六月十五日，陳思豪，〈教育資源有限　蔡英文無奈贊成「三限六不」〉，《NOWnews今日新聞》：http://www.nownews.com/2012/06/15/301-2824567.htm。

03

層層難關

來台灣

03

層層難關來台灣

「我懷著這麼大的憧憬來，為什麼來的路程這麼辛苦？」在一場「兩岸雙向交流中的衝擊與融合」的座談會上，輔大歷史系的北京女孩祝常悅如是說。[1]

二〇一一年六、七月間，申請來台的大陸年輕學子們紛紛得到錄取的結果。不過對於很多當初只是匆忙間姑且一試的人來說，擺在他們面前的還有重重關卡。一頁的錄取通知書，後面是五頁的待辦事項。究竟應該怎麼來台灣？拿到錄取通知書後下一步要做什麼？還要辦理什麼手續？恐怕沒有一個人確切地知道。

家在廣東汕頭的劉汭鑫拿到淡江大學的錄取通知書時，身邊的人甚至懷疑他是不是被騙了。「錄取通知書就是簡簡單單的一張紙，上面也沒什麼說明。」當初知道可以來台灣時，自己的高中甚至都還不知道有這麼回事。直到現在，還有不少陸生困惑為什麼會就讀今天所在的這所學校，為什麼被

1 二〇一二年四月八日，「兩岸和平發展論壇」於台大舉辦之「兩岸雙向交流中的衝擊與融合」座談會。

這所大學錄取了，而沒有被另一所大學錄取。第一屆陸生有一千兩百六十五人錄取，最後九百二十八人報到，有些人選擇放棄，有些人選擇一賭到底。而對很多剛從高三軍事化備考生活解脫出來的年輕生命而言，他們接下來的一整個暑假都要耗在上面。

台灣，世界上最遠的距離

雖然說台灣人前往大陸早已是稀鬆平常的事情，但是對大陸的年輕人來說，台灣大概是這個世界上最難去的地方。隨著錄取通知書寄來的五、六頁待辦事項，讓陸生們兩眼一抹黑，有些人及時找到對口單位，在ＱＱ（大陸流行的即時通訊軟體）平台上建群互助，也有人要單騎闖關。

按照步驟，首先要做的是去指定的專門機構體檢，這並不是一般的體檢，而是檢查包括梅毒、愛滋病、肺結核在內的一些特殊項目。賈士麟花了一天時間在指定的北京體檢中心排隊體檢完畢後，才被告知，台灣要求的其中一項——漢生病（也就是痲瘋病，為一種熱帶疾病），在全北京市只有一家醫院有檢查，且是每週固定某個下午才能檢查。於是，他又花了一個禮拜，才把所有的體檢證明搞定。而動作早的他還算幸運，在接下來的數個禮拜內，原本門可羅雀的熱帶病科診療室前都會排起長隊，全北京市來台讀書的陸生都會接踵而至。拿到體檢合格證明後，他們要把證明送到全北京市少數幾家可以辦理來台公證的公證處，賈士麟原以為這樣就可以坐等公證書開下來了，沒想到去領取的時候，才被告知他使用的繁體字體檢表格無法公證，只因為備註中有一行小字「本表供外籍人士申請在台灣定居或居留使用」，於是還要自己另行準備簡體字表格！

但簡體表格要從何處變出來？賈士麟只好自己照貓畫虎做了一個，硬著頭皮又回到體檢中心，櫃台小姐看了後搖搖頭，神奇地從抽屜裡變出一張紙來，跟從台灣寄來的幾乎一模一樣，繁體字變成了簡體字，敏感詞不見了！如獲至寶的賈士麟，趕緊地拿著這份表格到對街的影印店複印一份，然後重新來過。

陸生來台，幾乎所有文件都需要公證。有深圳學生到指定的公證處，公證處的負責人還丈二金剛摸不著頭腦地問道：「你們可以去台灣讀書了？有這樣的事情嗎？」打電話到台灣的陸生聯招會既不方便，也遠水解不了近火。而為了陸生來台的事務，大陸教育部也專門在北京設立了一個辦公室，但是該辦公室的電話不是打不通，就是回以「不知道，請你問台灣方面。」

把所有文件備齊快遞至台灣的大學，由校方代為申請入台證後再寄回，差不多一個月已經過去，而實際上到此關卡才通了一半。拿到入台證，算是打開前往各地台辦[2]的大門，唯有上完台辦的思想教育課之後，陸生才能憑台辦開的介紹信，前往各地公安局辦理赴台證件。最後攢齊台灣發的入台證和大陸發的赴台證，基本上一個夏天已然過去，就要趕著匆匆訂機票了。

第一屆陸生能夠來台，在兩岸社會都可謂「如履薄冰」。有一位從南方城市來到台灣讀書的陸生就在行前接受了三次「家訪」，市台辦一次，區台辦一次，國安（大陸的情治單位）又一次。賈士麟在台辦開完會回到家後，又接到台辦打來的電話：「同學，請問你是黨員或團員嗎？」賈士麟很淡定地回答：「不是。」「呵，沒事了。」對方掛斷。賈士麟直到今天依然

2　從中央、省、市、縣、到區級政府，都有台灣事務辦公室，也就是大陸涉台工作的官方機構。「區台辦」、「市台辦」、「省台辦」、「國台辦」層層逐級向上，都簡稱台辦。

很好奇，當初如果說「是」的話，不知道接下來會有怎樣的對話。

顛簸流離的約克大學成績單

張可的成績單可以用「顛簸流離」來形容。張可來台前已經在北京工作兩年，直到來台灣，台大才告知還須繳交在英國讀書的成績單公證書。他只得和台大簽了切結書，趕緊再去公證成績單。

但英國的成績單要怎麼公證呢？要由台北駐英國代表處蓋章。不過，台北駐英國代表處又要求，約克大學的成績單必須有英國外交部的戳章。已經身在台灣的張可，只能發信給英國外交部。

英國外交部的回覆是，需要重新回學校開證明，或者找英國的公證員公證。時值學校放假，他只好花高價在英國請了公證員。

他先把成績單寄給英國的公證員，公證員蓋章後，公證書寄到台灣，他再把公證書寄回英國外交部。

英國外交部蓋了章寄給他，他又再寄給台北駐英國代表處，代表處再蓋完章寄回給他，總算大功告成。

這份約克大學的成績單顛沛流離，不斷在英國和台北之間往往返返，總共花掉他一萬多塊台幣。

由於兩岸之間文書互相不承認，陸生要來台灣，就會發現要公證的文書特別多。一位陸生在座談會上透露，父母為了要和他一起來台，需要辦理親屬證明，為此，他甚至還要和父母進行ＤＮＡ測定。

過五關、斬六將的入台許可

陸生來台手續如同「過五關、斬六將」，奔波於派出所、出入境管理局、醫院、公證處、區台辦、市台辦、海協會……身心俱疲的陸生以及家長，每走完一步，才知道下一步應該去哪裡。就讀中國文化大學新聞系的鄧青雲對當初處處碰壁的歷程，還記憶猶新，「沒有人告訴我拿到入台證後，下一步要去哪裡啊。」她回憶道。

鄧青雲先去戶口所在區的公安局出入境辦事處。路途遙遠，去了以後才知道她還缺一張台辦蓋章的學習證明。

然後，她就去「區台辦」，到的時候剛好午休，等了兩小時，好不容易見到了人，「區台辦」又說不可以開，要她去「市台辦」。

「區台辦」到「市台辦」的路程快兩個多小時，她到「市台辦」後門，站崗的軍人還不給進，一定要走前門。市政府又鬼那麼大，她繞了二十分鐘才走到前門。好不容易登記、押了證件，她趕到工作人員那邊要學習證明，工作人員卻說，要上完來台前的「學習」才能出示，但現在要下班了，就要再等上幾天。

當時離她來台灣只剩十幾天了，她回憶道：「我就很憤怒啊，第一，沒有人通知我來上課；第二，我不知道出入證要辦多久，不知能否趕去台灣。我就發火啦，我就說我要趕晚上的火車回鄉下，逼著他先開給我學習證明，我才用下班前的半小時，送到市出入境辦事處。」當然，她最後還是在來台之前，被要求補上市台辦的「學習」。

「戶口」，簡單的兩個字，卻是天大的麻煩

戶口問題是當代中國人心中的一大痛，嚴格的戶籍管制限制了人們工作、生活、受教育的自由，也限制了人們追求幸福的自由。在北京，同一所

大學的同學畢業後找工作時，會因為戶口身份的不同而面臨不一樣的命運。「北京男」、「北京女」、「外地男」、「外地女」的身份區分，甚至會在校園裡被公開提及。

蘭桃就差一點因為戶籍問題沒能來成台灣。家鄉在湖南的她，來台灣之前，在杭州工作生活。然而根據杭州市規定，想要在杭州正式落戶，必須工作滿四年且在當地買房才可達成，而她目前持有的仍是杭州市的集體戶口。台灣的陸生聯招會起初甚至將她的資料列為不合格，幸虧她及時登入招生系統發現，及時打電話交涉才得以更正。

……還有少不了的思想教育

來台灣前，陸生都接受過差不多形式的「思想教育」，接受叮嚀囑咐。一般來說，六省市的台辦在為陸生開具「赴台學習證明」前都會對所有陸生統一開會，介紹「島內形勢」，並且強調一些注意事項——例如來台不能叫「留學」；到台灣後不要用「國內」的字眼，而應該用「大陸」；「法輪功不要接觸、民進黨不要接觸、一貫道不要接觸」等等，諸如此類。

當然，台辦作為一個行政機構，也只是走走形式，但經過這樣的流程，陸生們就會知道，他們身後還有眼睛在看著。第一個學期臨近結束時，陸生的家長就紛紛接到來自台辦的電話關切，希望孩子們迴避即將到臨的二〇一二總統大選。於是乎學期結束時，大批大批的陸生們都在家長的「聖令」下，趕緊離台，及時避開一月十四日的總統大選。根據香港雜誌《陽光時務》的報導，北京市台辦還專門為寒假返家的陸生準備問卷，掌握情況。某國立大學研究生寒假時回到南方老家，在臉書上貼文：

終於翻牆出來了。家裡人擔心死了，說我被洗腦了，真不知道是誰被洗了。過幾天縣台辦還要來家裡「視察」、「拜訪」，我要小心點了，「覺得馬英九怎麼樣？」「啊？馬英九是誰？我不知道欸，我一直在學校念書，沒出去過。」

陸生來台，放在近些年的兩岸關係中，或許只不過是一件小事。在經貿關係大舉開放的同時，兩岸的執政者或許也都有各種各樣的原因，對陸生

來台持謹慎態度。借用淡江大學蔡博藝在《陽光時務》上寫的一句話：「來之前，內地有媒體說，我們這批正式的陸生是『遣台使』，是兩岸和平交流發展的助推器，而台灣有些人則擔心我們是中共派來的，是來赤化台灣搞滲透的。對此，我只能說，大家都太高看我們了。」[3]

陸生來台，只求能夠在台灣追逐青春，只是他們不知道，背後有多少雙眼睛在盯著他們。一位被某國立大學研究所錄取的陸生，到第一學年結束之際都還因為大陸戶口的問題不能來台，資格完全合法的他，缺的就是那張「赴台學習證明」。他向台灣的學校申請保留一年的學籍，不得已只好和第二屆的人一起過來。

比起第一屆的先鋒者，第二屆陸生來台的手續已經有所簡化。或許當年的種種細節最終在歷史長河中都不再重要，只沉澱至每個親歷者的心底。

[3] 蔡博藝，〈我們只是不小心翻動了歷史〉，《陽光時務》第十三期，二〇一二年二月二十三日。

關關難過關關過。在闖過重重關卡之後，二〇一一年九月，對台灣有美好憧憬的第一批大陸年輕人，拿著台灣各大學錄取書，終於跨過海峽，到台灣揮灑青春了。

04

青春的

另一種活法

04

青春的另一種活法

「交大就跟北京的良鄉[1]一樣。」聽到來自北京的大男孩馮盛喃喃這麼說的時候，賈士麟[2]感覺有點驚訝，兩人成長於同一座城市，親切的鄉音背後卻是非常不同的求學經歷。馮盛是個言語不多的理工科學生，從小學到大學都在北京度過，來台之前從來沒有離開過大陸。但對馮盛而言，良鄉和新竹之間是無縫交接。只不過時值十二月，新竹「一會兒冷、一會兒熱的」，而「北京應該下雪了吧。」他唸道。

同樣是來自北京的年輕研究生，邱辰一到交大就興致勃勃地給錄取他的運輸科技與管理學系主任發了電郵報到，系主任見到他的時候也很驚喜：「原來我們系今年還有個大陸學生。」

大學是陸生來台的目的，也是他們在台灣的第一站。對於絕大多數人來說，台灣第一眼相見時，並無詩情畫意，他們接下來要做的是馬上融入新的校園生活之中。

1 北京市「良鄉高校園區」，有多所大學院校集中在該地。

2 賈士麟去過美國，和同樣來自北京但之前未曾出國的同鄉馮盛的感覺當然會有落差。但這種同鄉親切感背後的落差卻難以文字描述。

台灣的大學對他們來說究竟是學術的淨土、思想的源泉抑或僅是學歷的工廠？對來到新環境學習的異鄉人來說，不論曾經的生活是一馬平川、風光無限還是渾渾噩噩、平淡無奇，這個問題恐怕都會不時浮上心頭。

陸生與台灣校園的第一次親密接觸

隨著高等教育全球化，中國留學生早已遍佈全球，但第一屆陸生來台，學校和學生都是摸著石頭過河。台灣有些學校院系已經喊開放喊了很多年，但陸生對於很多學校還是很陌生。積極的學校，如至今還接收庚子賠款的清華大學，募豐厚的企業獎學金對陸生舉雙手歡迎；又如遷台前北京四大名校之一的輔仁大學，在北京、上海、廣州啟動撲天蓋地的媒體宣傳攻勢。但同時也有不少公、私立名校持觀望態度。

台大社會系的林國明教授總結台灣招收陸生的三個邏輯：首先是「民主的邏輯」，隨著台灣對中國大陸的經濟依賴越來越深，陸生來台可以成為兩岸公民社會相互理解的機會；其次是「經濟的邏輯」，在台灣高等教育的擴張下，很多私立學校需要陸生作為生源；而第三則是「敵我的邏輯」，陸生可能是台灣潛在的敵人，因為是來自不友善的地區。

東海大學的國際長、建築系教授劉舜仁也談過他的邏輯，「台灣二十世紀的前五十年是日本統治，後五十年是國民黨祖國思想的灌輸，從來沒有人告訴台灣人『你是島國，你是小國！』，你要走出去才行，要像海盜、北海小英雄到處冒險犯難，才能帶資源回來！」

台灣招收陸生的邏輯還有待教育學者進一步推敲，不過相比之下，第一屆來台的陸生更像是「小海盜」。克服種種繁瑣的手續，不少第一屆陸生都只憑著一紙錄取通知書，以及對台灣大學院校的想像而來到台灣。有人看到學校的模樣後，註冊都免，轉頭就走了，但也有人在這裡體會到前所未有的大學經驗。

現就讀清大通訊工程研究所的方鋮宇來自杭州，大學讀的是武漢大學，說起話來溫文爾雅，典型的江南書生。在申請來台灣之前，他本已經找好一份在深圳的工作，但是父親一心要他繼續深造。四月，台灣招生的消息公佈，就成了父子二人最終的解決方案。至於台灣的情況，方鋮宇是報名以後才開始瞭解。來到清大，他發現真是沒來錯地方，校長熱情地接待首屆陸生，系上老師主動發信噓寒問暖，都讓他感到「受寵若驚」。

清大台灣文學研究所的蔣鳴人是來自浙江湖州的女孩，其實早在大三時就曾到台南的成功大學當過交換生。在成大中文系，老師同樣會打電話問寒問暖，還叫以前的學生騎機車載她去奇美博物館參觀，原因只是簡簡單單的「覺得你可能會喜歡」。老師送她很多禮品，有火車旅行的書，也有聖誕老人的禮物，還有很多研究詩學的論文和雜誌。所以，她會特別用心上那位老師的課，從圖書館借來老師的書讀一遍，而她最想收到的禮物，則是老師的一本詩集。終於，在臨別之前，老師在這本已絕版的一九九〇年詩集上簽名，送給她，還半開玩笑地說：「在網路上炒得很高哦！」對她來說，這都是對她努力的認可。

在浙江大學的時候，都是在階梯教室上課，同學默默地聽，老師默默地講。大家進一個教室，出一個教室，打一個招呼而已；她大學畢業後索性也沒在大陸考研究所，就直接申請來台灣。可惜的是，她沒有被成大中文研究所錄取。每個週四下午下課後，她就要坐三個半小時的車趕赴台南，去上她憧憬的翁文嫻老師週五一早的課。要是碰上週四晚有事，她就只得趕週五一大早五點四十分的車了。一個學期來，每週皆如此。

來台灣後受到老師的熱情招待，讓陸生感受到與之前非常不一樣的校園生活。在世新大學，開學才沒多久，賴鼎銘校長就跟十八歲來台的大陸同學吃了好幾次飯，還會一個一個點名，問是否有問題，可以幫忙解決。一位陸生就這麼說：「他自己常常穿運動裝，領著我們一群小朋友爬山。有一次我爸媽來的時候，我在路上看到他，就說：『欸，校長！』也把我爸媽介紹給校長。旁邊剛好有大四的學生，也叫：『欸，校長！』我爸媽嚇到，說：『你們校長是隨便這麼叫的嗎？』」

兩岸校園文化的不同也讓陸生能夠跨界思考。

「中華民國竟然還存在！」不只一位陸生來台後驚訝的表達。方鉞宇去交大打籃球時，看到梅竹賽的報名海報，才知道清大和交大的歷史，而在台灣看到「國立」大學的字樣，才醒悟自己以前天天路過的「『國立』武漢大學」舊牌坊是什麼意思。

當然名字只是一個符號，但符號背後象徵的是歷史與文化。蔣鳴人生長於中國南方，在大陸的時候，她只是個愛看席慕蓉的書、聽陳綺貞的歌、高三還會拿台北地圖翻得津津有味的文藝小青年。她原本歷史學得不是很好，可是來到台灣的大學課堂閱讀詩歌，就會感覺到語言的進化、歷史的變遷。她也會思考，為什麼大陸的人際關係那麼冷漠，而台灣卻可以與人為善？

不少陸生都在訪談中說過，來台灣以後，看到兩岸的不同，即便是以前對歷史不瞭解，現在也會主動搜尋訊息，「關於兩岸、關於自己、關於台灣」，「開始思考，不同的本質、其根源究竟是什麼？」

二〇一一年，在清大客座一個學期的王丹，每週都抽出一個晚上在校園內舉辦「中國沙龍」。每次沙龍上，從大陸來的學位生、交換生都絡繹不絕，流觴曲水，不失為一番勝景。聽說一位從北京大學來台灣交換的同學談及中國知識份子的現狀，觸景傷情之處，不禁當場哭了出來。每每會後，大家還會聚在一起，暢飲至深夜。新朋、舊友嘗試在台灣的校園裡，找回他們當年失去的東西。

大陸學生的表現，也已然開始影響各院校系所對招收大陸學位生的態度。《陽光時務》雜誌在台北舉辦的沙龍上，台大社會學系林國明教授就說，台大社會系當初對是否接受陸生有一番掙扎：「當時，我們並沒有接受（招收大陸學位生），但來自中國大陸的交換生在我的『台灣政治與社會專題研究』班上，卻是用心地、真摯地想要理解台灣社會，而且具有相當程度的理解。」

以往從大陸來台的交換生往往不能待滿一個學期，陸生元年之後，來自大陸的學位生將有兩年、四年、甚至更長的時間在台灣學習。首年的經歷只是一個開頭，他們還有很多可以體會。

台灣學生「不愛讀書」，那他們都在做什麼？

九月微涼的夜晚，中部郊區某座農場突然竄出幾條明晃晃的火舌，和著動感的節奏漫天飛舞，有時如閃電倏忽即逝，有時如流螢翩翩律動。隨後，又在空中大筆揮毫，狂放地寫出代表某系名稱的三個金色英文字母。剛入學的徐明義，被這幕盛大輝煌的場景震懾許久。

火舞是徐明義所屬系所每年迎新的重頭戲。表演開始前，除了利用繩索製作火把外，還要用鐵條折出三個英文字母的形狀、包覆布巾、淋上煤油，最後推到會場點燃。所有器具燃盡後，明年再重新來過。

徐明義沒料到這精采絢麗的表演，從籌備到上場都僅由年長自己一歲的學長姊包辦，他們不是藝術家，也不是表演工作者，但區區幾把火，就讓他驚嘆不已。

場景拉到另外一邊，換上輕柔的旋律，剛卸下升學枷鎖的大學新鮮人，男生一排，女生一排，面對面，「隨著不斷加快的心跳，踩著沒有節奏的節奏」，然後牽起對方的手，繞著一圈又一圈的舞步。步伐雖然僵硬，但男男女女臉上洋溢的青春，再自然不過。弘光科技大學應用英語系的金韞昊，回憶迎新宿營當天男女共跳的「第一支舞」，臉上還掛著嬌羞的神情。

如果說台灣學生「不愛讀書」的話，那究竟他們都在做什麼？逢甲應數系的董心成直截了當地說：「台灣學生比較愛玩，沒那麼多心思花在念書上，就把心思都花在社團。」小小的逢甲大學，社團便有兩百多個，「什麼東西都能成社團，所以我去了三個。」上海女孩李彬揚就讀東海外語系，剛來到台灣三個月時，就已經隨著社團活動，從南到北到過台灣許多地方。而被媒體稱為「江蘇正妹」[3]的金韞昊，也被青春動感的競技啦啦隊表演吸引，興沖沖地加入。但看到隊員被上拋三公尺再接住，還有接二連三的翻跟斗，嚇得她花容失色，「太恐怖了，不多久就沒去了。」

金韞昊參加校園合唱比賽，原本她以為合唱只是「唱」而已，想不到竟然還要搭配特殊服裝，在千變的旋律中飛旋起舞，手中的道具也一個換過一個。粉墨登場的結果，博得滿堂喝采。她從來沒料到，區區的合唱比賽，也可以讓所有人忙得不可開交，因為從創意發想、舞蹈編排、音樂剪接、道具製作，通通由學生親自動手，「像我們大陸生就都不會啊，我們也從來沒想過會有這種能力。」

社團活動內容天馬行空，往往令陸生咋舌，許多在大陸會被視為胡搞的活動，在台灣卻都上得了檯面，葉孟元以東海大學的創意活動企劃社為例，「他們辦一個『趴』，叫做『嬰兒趴』，比如比賽喝奶，看誰喝得比較快。」活動過程笑鬧不斷，「很讓人眼睛一亮。」

[3] 二〇一一年九月二日，《台灣新生報》第06版；二〇一一年九月二日《民眾日報》第K16版。

世新大學的上海姑娘韓冰說，社團是她大學生活中最親切的地方。她和網球隊的同學會一起到教練家裡玩，交換禮物。教練說：「你們打得好不好沒有關系，但是至少要像個小家庭一樣。」韓冰很喜歡這樣的氣氛，「台灣很多地方都有這個思想，不需要太辛苦，開心就好。」

另一邊，政大每年十二月舉辦的文化盃校歌合唱比賽，當某一組的團員站上高台就緒後，指揮者在眾目睽睽之下，突然大口吃起泡麵，而後以筷子充當指揮棒，中段又把筷子甩出，改用雞毛撢子。另一組則將校歌旋律「動手腳」，曲調忽快忽慢，甚至以水管及垃圾桶伴奏，台下觀眾無不莞爾。「實行三民主義是吾黨的使命，建設中華民國是吾黨的責任」，原本莊嚴肅穆的校歌，輪番遭到「扭曲」與「變調」，也詮釋出台灣學生的豪放不羈。金韞昊說，「如果在大陸，唱歌就是唱歌，演奏就是演奏。」不可能會有其他的花樣。

走在台灣的大學校園中，不用翻月曆，只要打開感官就能感受時序的輕盈遞嬗。九月，青澀臉孔遍佈校園，大二學生則躲在各處角落，祕密籌備迎新宿營。這樣的熱鬧要一直延續到期中考之前，才會稍有停歇。

漸入秋季，更多的活動會安排在台灣天氣最好的時節，禮堂裡，舞者盡情地扭動身軀；廣場上，主唱用力地扯開嗓子；舞台上，魔術師一個轉身，撒個滿場彩帶飛舞……各個社團爭奇鬥艷，競相展開公演；日夜磨刀，就為了一刻的光亮。一直到東海大學畢律斯鐘樓敲響聖誕的鐘聲後，才會收起一學期的最後躍動。

寒暑假，學校並未淪為空城。來自台灣各地的中小學生，在大哥哥大姊姊的幫助下，從戲劇、舞蹈、遊戲中，提前摸索自己的生涯志趣。而另一群大學生，則打包行囊，準備前往更遙遠的地方，服務偏鄉居民；或者參加中國大陸、東南亞、中南美洲等地的海外志工服務。

台大博士班的張可曾和另兩位陸生一起上台大社會系教授范雲的「社會運動」課，感觸很深：「那門課有碩士生、有博士生，基本上除了我們三個陸生以外，我發現他們社會運動的經驗都非常豐富，包括組織活動的鍛鍊，上課時能侃侃而談，因為他們有切實的經歷，而我們只是背書本。不光說得好，做得也好。我認識很多大陸學生，高談闊論、海闊天空、嬉笑怒罵，當真讓他們做事情，其實還蠻差的。包括我們辦讀書會，要報帳，很多實務上的事情都不會，沒有協調能力。每個人都單幹，誰都看不起誰。」

學生會，真的是學生自治會

從福州過來，一進入東海大學便加入學生會的葉孟元說：「這邊每週都有活動，要嘛就是這個社團一個活動，這邊系學會一個活動，然後學生會來個大活動，很豐富、很精彩。」他興高采烈地分享以前從未有過的經驗：因為辦活動之需，常常要與行政人員交涉、對校內外學生宣傳、向廠商企業拉贊助、籌劃活動細節及流程等，屢為活動疲於奔命。但最後僅憑學生之力，便成功撐起一個大型活動，甚至廣受好評，讓葉孟元覺得自己區區一位十八歲的少年，似乎已能獨當一面，這一連串過程帶來的滿足感與成就感，在鎮日讀書的日子裡是找不到的。

相較於台灣校園的學生會是真的由「學生」組成，而且獨立運作，大陸「學生會所謂的會長，根本就不是學生，老師指導學生會會長幹嘛，會長再把任務往下撥，感覺不像自治會。」葉孟元這樣比較。來自上海，現在就讀東海大學外文系的李彬揚，也如此描述她高中時候的學生會：「學生會室裡面肯定有個辦公室，是給老師，或是所謂的輔導員，所有活動都是由他統籌出來的，他來弄個大綱，你們跟著辦就好，連會長都是，就是老師來管啊。會長是選舉出來的，但參選的就那些人，都是老師滿意的人。」

從北京交換到文化大學的金小義，就笑著指出大陸大學的社團與學生會是垂直隸屬的組織結構，社團受學生會管轄，學生會受校園的共青團管轄，共青團最後需向共產黨負責。因此，學生會在處理各種學生事務時，自然處處受到掣肘。

還有幾位陸生神秘的低聲說道：「進入學生會的人，不見得是為了替學生做事，而是為了以後方便自己做事。」言下之意，對部分學生而言，建立人際網絡關係，是學生會最大的附加價值，這或許有助於未來的求職、升遷或其他裨益。

在台灣，學生會則不是學校的「傀儡」組織。葉孟元認為在東海學生會工作，「自由度很大，例如經手所有的學生會費，只要學校擔保、同意，你就可以自己辦。」因為一個人必須實際操作許多複雜萬端的事情，包括活動本身以及一般庶務，因此學習得多、成長得快。

拋掉課業壓力的包袱後，台灣學生會在新的一方天地盡力展現自我，開闊的大學校園也塑造出接納多元想法的氛圍。董心成就指出，「大陸那邊會比較內斂，會不好意思，不太敢秀自己，只要在公共場合，會比較沈默，台灣人就比較敢現。」吳梓杰也盛讚台灣校園的藝文鼎盛，他認為這不是光靠讀書可以營造出來的，「台灣學生會玩，生活比較放鬆，沒有專於學業，校園生活多元化。」他還提到整個台灣社會都充滿了文藝活動的氣息，創意很強。

競爭力──台灣在焦慮什麼？

台灣經歷上個世紀中末葉的經濟高速起飛後，經濟增長已經在最近十多年放緩，後起的中國大陸目前則處於快速追趕期。「今日的大陸就彷彿當年的台灣」，比較兩岸成為企業與學界最常提的話題。

「以後我們台灣男人都娶不到老婆，因為美女都要嫁給有錢的大陸人了。」一位大陸友達廠區台幹撰寫的文章，在網路上被大量轉貼，直言台灣各個層面的競爭力，從硬體設備，如交通運輸、建築技術、科技產業，到軟體成就，如奧運亞運、大型策展、學生素質等，已然落後大陸許多，甚至以往帶著膽識西進大陸衝鋒陷陣的台資企業，早無足輕重。在此消彼長的態勢下，如果兩岸人才在商場有持續的交流，「我們印象中落後的阿陸仔，以後我們要彎腰叫他『老闆』。」

陸生來台，無可避免地成為眾所矚目下比較的對象。兩岸的高等教育究竟孰優孰劣？是不是真的就如《商業周刊》十年前所述「大陸勤奮潮會不會淹沒富裕台灣的下一代？」[4]或者就如很多人的刻板印象「大陸學生比較刻苦，台灣學生比較有創造力？」這些我們腦中長期以來存在的刻板印象，在現實中真的存在嗎？

4 二〇〇二年十二月三日，《商業周刊》第七八八期，第九十二頁。

成績、體育、思想，陸生完勝台生？

剛剛脫離高中高壓的競爭環境，十八歲就來到台灣的陸生，進入台灣的私立學校，看到相較之下無憂無慮的台灣大學生，難免會形成不小的反差。沒有和昔日同學一起在大陸就讀大學，他們帶著雙重的想像來到台灣校園，一重是對台灣，一重是對大陸。

在雙重想像之下，對於兩岸大學生活的比較，不時在陸生的心中，形成想像和現實的交相輝映。逢甲大學應用數學系的「線性代數」課堂，黑板上佈滿密密麻麻的數學符號，以及令台灣學生猜測半晌的簡體字，來自福州的董心成，在台上為全班同學解題。董心成感覺，大陸學生的數學底子普遍高於身邊的台灣學生，尤其進入應數系之後，發現許多概念早在高中學過，因此在學業上顯得遊刃有餘。老師為了帶動上課氣氛，也時常點台下學生上來解題，但往往因為台灣學生程度不及，只好每堂課都請董心成上台示範；他在期中、期末考前，也會私下教導同學。

在他看來，大陸高校的學生都是早上七點半去搶教室的前三排，而在台灣剛好相反，學生們都是搶後三排。他說：「每次聽同學說要去睡覺了，明天要早起搶座位，我就會以為他很上進。」結果，他每次到課堂，發現第一排永遠有座。

董心成回憶高中時候，「在大陸的課堂，如果你直接打斷，這堂課就完全上不了，很多人聽不懂，就很多人打斷。」台灣的老師則非常歡迎同學上課發問，可是「這邊幾乎都不會，聽不懂就是聽不懂，也不會去問，明明大家都聽不懂，可是也都不提。」

在台灣私立大學的課堂，陸生的表現往往很輕易就占據上游。靜宜大學的蘭青高中讀文科，大學卻進入理組科系，化學基礎理當較同學薄弱，甚至有些根本沒讀過。有一次老師無預警隨堂測驗，只留十分鐘給學生臨場準備，「我就慌了，他們都會，那我怎麼辦？結果我考了五十五分，特沮喪。可是我後來去看那張表，我五十五分排在全班前十。」靜宜大學的陸生間也傳言，一名逃課逃得很凶的陸生同學，最後還排在全班前三名。蘭青笑稱：「陸生只要拿出以前十分之一的精力來讀書，在班上就可以名列前茅了。」

「刀哥」余澤霖就在「世界通史」課上考了一百分。他說，這是一門很難的課，考卷都是全英文，以前從來沒有人得過滿分。刀哥拿著考卷出來時，學姊看到都笑說：「你作弊」。

寒風穿越長廊，將新一期剛出爐的《政治科學季評》翻了又翻，從印刷廠出來的熱度一下子被吹得煙消雲散。主編陳亮宇倚靠在台大社科院巴洛克式建築的柱子上，手裡捧著這個差點難產的「孩子」，心中大石總算放下。這份以學生為主的學術期刊，除了全台各校的圖書館均有陳列外，也會寄往國外的若干名校收藏，包括北京大學、柏克萊大學、哈佛大學等校的政治類系所、漢學研究中心、亞洲研究中心等。

台大政治系博士生陳亮宇自二〇一〇年接任主編以來，時常憂心稿量不足，每當日子愈接近截稿日，就愈是膽顫心驚。所幸，近幾期都有南開大學的學生從天津跨海投稿，補足缺稿量。二〇一一年十二月，是陳亮宇主編任內最後一次出刊，該期就有一半的作者是陸生，包括就讀台大國家發展所博士班的王欽，以及南開大學的研究生。

陳亮宇鬆了一口氣，笑稱：「兢兢業業、延續香火的任務告一段落，總算不至於愧對祖先胼手胝足、草萊初闢打下的基業。」隆冬之際，台大社科院的「弄春池」翠綠依舊。儘管已經光榮卸任，陳亮宇仍然期許這份已維持八年之久的刊物，能夠盡快回春。

兩岸學生的比較，甚至也包括了體育課。淡江大學的蔡博藝還記得，她從小就被老師灌輸「日本、新加坡學生的體育怎麼怎麼好，我們怎麼怎麼不行！」但是，來台灣後她發現全班會像看神一樣看大陸女生用三分二〇秒跑完八百米，而這在大陸只是很平常的成績。

高壓、刻苦即是競爭力？

在一些陸生看來，台生「成天就出去玩，吊兒郎噹」，來到台灣這個相對競爭不太激烈的環境，不少陸生都不約而同感受到某種「不適應」。

逢甲大學一位陸生在臉書上轉貼一個名為「可憐的台灣學生」的影片，內容講述台灣學生的升學壓力如千斤重擔，「睡眠不足＋沒時間吃早餐＋近視眼＋匆忙補習＋罰寫＋成天考試」。影片中，《親子天下》雜誌專欄作家陳之華說道：「我們的孩子在學校的時間太長了，他上學時間，有沒有超過八個小時？還加上補習呢，還有很多要留下來課後輔導。」而影片裡還有一位為了迴避升學壓力而出國的留學生控訴：「我覺得在台灣簡直是煉獄」。

影片一出，立刻引起不少陸生的嗤之以鼻：「幸福的台灣學生，當你看到可憐的大陸孩子的煉獄式生活，你還會覺得你累嗎？」、「台灣的媒體應該跑到大陸去揭露一下。『苦逼』的孩子們看完之後，台灣學生幸福指數會飆升吧？」現在就讀政治大學勞工研究所的潘發鑾，來自廣東佛山的農村，當初他高考考上南京大學，是村裡一件不小的新聞。他在臉書上說：「二〇〇七年，台灣參加考試分發入學的考生約有十一萬人。同年，廣東參加高等學校入學考試的考生有約七十萬人。當年的我與同期的台灣同學相比，竟如此苦逼。」

「大陸學生比較刻苦，台灣學生則比較貪玩」，似乎已經成為每個人都琅琅上口的刻板印象。似乎在大陸的「勤奮潮」下，台灣的競爭力已然搖搖欲墜。中央大學哲學研究所甯應斌教授甚至還曾悲觀地在臉書上寫道：「現在台灣學生看到陸生很傑出，不會有被激勵的感覺，而是想『反正我也學不來他們，努力太辛苦了，就繼續爛下去吧』。」

然而，真的可以這麼快下結論嗎？

因為台灣和中國大陸的規模完全不一樣，如果只是挑較為「刻苦」的大陸學生和較為「貪玩」的台灣學生進行比較，首先未免不科學，其次也過於表面。

實際上，大陸的高等教育體制長期以「嚴進寬出」出名。每年，近千萬的全國高三考生都要通過高考的獨木橋，朝自己理想的大學衝鋒。但是進大學後，當應試教育不再適用，高中時代的高材生們往往會在充斥世俗、商業化的大學裡無所適從，甚至因為補償心理，進入大學後瘋狂玩遊戲、蹺課，做一些高中時代想做卻不敢做的事。

另闢蹊徑來台讀書，在沒有同儕壓力的台灣校園，許多陸生學習起來卻往往比在大陸還要帶勁。一位從武漢大學來政大交換的大學部陸生說，她在大陸時一樣也會上課昏昏欲睡，甚至逃課找人簽到，但是來到台灣後，說也奇怪，就是會格外認真。

比起剛剛從高考夢魘走出來、帶著雙重想像來到台灣的大一生，第一屆研究生多數都有在中國大陸頂級的九八五大學讀書的經歷，他們可能更具參考性。

鄧愷大學讀的是浙江大學計算機學院，在新竹清華大學就讀資訊工程研究所，來台之前，他本以為課程不會很重，還會有時間到處遊玩，結果來了以後除了跟學校去一次日月潭以外，哪兒也沒去。

他發現，台灣這邊的課還真「較真」[5]，要用到很多數學理論，同一位導師底下的幾個同學也都很拼。他一學期上了三門課，就根本沒空餘時間了，實驗室的工作還特別多。他三個禮拜就要交一個作業，而且每個作業都是連續花一、兩個禮拜才寫得完。如果真比起來，他大陸的同學現在倒是整天都在玩，只有幾個博士生愁眉苦臉地寫論文。訴完「苦水」後，這個穿著日系、看上去已經一臉疲倦的男生，還要回到實驗室，開始他平常的後半夜工作。

理工科學生熬通宵是常事，從廣州中山大學來交大讀人文與社會學院的黃丹同樣壓力不小。第一個學期退掉一門課前，她每個晚上只有四個半小時的睡眠，每天在車上碰到一位比她年長的同學，總是跟她說：「昨晚又是五點才睡。」身邊的同學之間，比誰的睡覺時間短似乎是一種時尚。

---

5 要求比較高，比較認真地做事情。

不少陸生來台讀研究所後，都發現台灣的學業份量超出想像。在北京清華大學拿到法律學碩士，目前在台大國企所念碩士的孫雯雯就曾做過比較：「這邊的競爭更加激烈一些吧。以前在清華讀書的時候，也有同學很聰明的，給我的感覺是比較會玩的那種，但這邊的人真的很能讀書，考試也很多，我感覺比大陸多很多。在大陸讀書的時候，研究生只有期末考，這邊有期末考、期中考，還有小考，我的天啊！跟來之前的想像完全不一樣。」

台大材料科學與工程學研究所的王真則很無奈：「要去日月潭、阿里山啊，就要兩天，就抽不出兩天的時間。大家都會早來，都會遲走，大家暑假都不會回去。」其實，她也很想像交換生一樣，跑東跑西看看台灣選舉什麼的，但是，真的沒有時間。

我們的案例絕不只以上幾個，如果僅以來自大陸九八五頂尖大學來台灣就讀國立大學的研究生來看，「陸生用功、台生貪玩」的預設其實並不成立！

這些年來，國際上的大學排名越做越多，台灣的大學也都焦慮會不會被中國大陸的大學趕上。不過在許多陸生看來，台灣的治學風格相較於浮誇的中國大陸學術界，依然精緻、嚴謹不少。台、成、清、交的台灣學生也絕對不會比北大、清華、復旦的大陸學生的心氣要低。陸生與台生能夠互相刺激對方努力讀書，自然是件好事，但華人社會缺少的從來不是K書本的壓力，如果陸生與台生的比較僅僅停留在「誰的壓力更大、誰更刻苦」的層次，只是突顯了無謂的競爭。

台灣相比中國大陸其實還有優質的教育資本，台灣對於競爭力的思考，其實也應該站在更高的層次。

台灣的優勢在哪裡？缺的又是什麼？

在高雄中山大學就讀企業管理博士的賈一山早在四年前，就幾乎把台灣高等學府考察過一圈，「台灣的商學在華人世界裡數一數二，大陸高校比得上中山大學的也沒幾所。」蘭州大學企管碩士畢業的他是個行內人。

賈一山在大陸已經工作過十多年，來台灣讀書的目的比一般的「小年輕」（歲數較小的年輕人）明確許多：「要嘛帶個帽子（博士帽），回去換個位子；要嘛就在這裡建立好人脈，積累資源，回去後單幹（單獨打拼）。」

來台灣前，他已經做好準備，接受台灣的一切。但台灣，還是讓他嚇了一跳。第一堂課，教授是帶著秒錶進教室的，每個同學都用英文報告文獻，所有評論都一針見血。「你花了十分鐘，只講了兩句話，其他都是廢話。」教授對同學的評論毫不客氣。那堂課結束，他一身都濕透了。一個來自泰國、曾留學英國的女生，上完那堂課就回家了。這下，課堂上只剩下他一個非本地生。

「中山大學的博士教育是純美式教育，老師全部是留美或留日博士，都是五十多歲在各領域裡數一數二的牛人（了不起的人物），你完全矇不了他。」賈一山說，這邊博士畢業門檻非常高，根本沒辦法偷懶，只有要不要放棄。如果不能發表SSCI[6]論文，讀九年都畢不了業。

「但如果可以，我希望永遠都不要畢業。」來台灣後，他發覺自己視野都放開了。「這裡的文獻太豐富了，在大陸根本沒機會看。」剛來的十

6 Social Sciences Citation Index，社會科學論文索引。

天，他在宿舍狂下文獻，「用學校的ＩＰ查資料，完全沒有阻礙。以前在大陸的知網下載都要付費，這裡學校都給你買好了，不用掏一分錢。」每週他所報告的文獻，都是行業內頂尖期刊的最新報告，「觀點和數據都太牛了，而且關鍵是真實，在大陸，那些數據你根本無法驗證。」

在交大，馮盛申請來台灣前，已經保送上北京理工大學的碩士，而來自廈門的凌安愷甚至已經在廈門大學讀了一年的碩士。他們都是為了台灣較高的「學術競爭力」而來。學工科的他們認為，台灣的老師有顯眼的資歷，比較有份量的老師都是IEEE（電機電子工程師學會）這種美國重量級協會的Fellow（院士），而且這邊資源也比較多，上課中英文混著上，相較於基本上還是中文教學的大陸學校，這體現的都是台灣的「競爭力」。

對於大多數陸生而言，台灣的大學更與國際接軌，學術要求更嚴格，質量也更有品質。相比之下，中國大陸的大學雖然也努力嘗試與國際接軌，但很多時候還是有些「土法煉鋼」的味道，特別是在人文、社科領域，連學術自由都不一定能保障。如果政策得當的話，其實台灣的大學在招收陸生時還是相當有吸引力的。

第一屆來台的陸生中，也有不少人有豐富的海外留學經歷。如果早已遍布世界的中國學生能夠把全球視野帶到台灣，也有助於台灣認識到目前的不足之處。

目前在台大政治系讀碩士的北京女孩官晴，大概是陸生中最國際化的人了。別看她來台時只有二十二歲，大學就讀香港大學的她，大學四年就在太平洋沿岸四所不同大學渡過，第一年在北京清華大學委託培訓，第二年進了港大，第三年到加州柏克萊交換，第四年又來台大交換。高中讀的是一所北京的寄宿制名校，緊張、封閉的學習生活中，她每天只有晚飯的半個小時可以看中央電視台的《新聞聯播》，瞭解外面的世界。高考成績優異的她被香港大學挖走，從此，她的人生插上了翅膀。

在官晴看來，香港大學的內地生屬於每年全中國最優秀的學生，而香港大學自由多元的氣氛又給這些成績頂尖的學生自主發揮潛力的空間。她很坦白：來台大讀書，不是為了台大的學位而來；對兩岸關係感興趣的她，想要的是對台灣社會有更深的體驗和經歷。在她看來，行萬里路跟讀萬卷書一樣重要。

官晴觀察，台灣的教育還蠻中式的，香港則是完全西化，跟國際走得更近。西方的學校會給學生非常自由的環境，培養學生的獨立思考。但是台灣管得還是比較嚴，有分班，還有很多必修課，很多課程都是給學生設計好的；「還是對學生不太放心，告訴你必須怎麼走。」她說：「西方的體制是鼓勵獨立思維，不會告訴你該選什麼，由你自己決定。你就算平常不去上課，跟學校也沒有任何關係。因此我在大學四年級時來台大交換，有些不習慣，感覺台大的大學教育還是比較填鴨式，老師高高站在講台上講，課堂上也鮮有師生互動的機會。」

在官晴眼中，台灣學生和大陸學生都有害羞的共同點，平常上課不會非常積極與老師互動。而在仿效西方的港大，每門課都強制配有討論課，討論課的表現是直接和分數掛鉤的，所以學生就會積極很多。

其實，在歐美讀過書的人大概都知道，在西方人的刻板印象裡，來自東亞的學生普遍比較「害羞」，學習很用功，但就是上課不愛發言。在日本讀了碩士的章程也說，日本的學生同樣上課不喜歡說話，但是他日本的教授也有一套應付的方法：正襟危坐，一言不發，直到學生實在臉上掛不住而打破沉默為止。在台灣，教授為了應對課堂的冷落往往卻會以自己的高談闊論填補。東海大學的陸生葉孟元說：「像這邊感覺就是，比如我要舉手主動回答或發問，就會比較膽怯，雖然還是會問，但會覺得怎麼只有我一個。後來就不想發問了」。

大陸學生比較有競爭力，還是台灣學生比較有競爭力？這個問題或許一開始就是不是一個很好回答的問題。大陸有十三億人口，每年都有六百餘萬的大學畢業生，而台灣的人口總共只有兩千三百萬，完全不一樣的規模，怎麼比較呢？對於大學部的陸生來說，因為政策上的限制無法進入國立大學，他們某種程度上被剝奪了競爭的權利。

隨著經濟全球化的浪潮，高等教育全球化早已成為不可避免的趨勢。根據經濟合作發展組織（OECD）的數據，從一九七〇年代中到二十一世紀初的三十年來，全球的年出國留學的人口就已經翻了兩倍。而在當前這波的高等教育全球化中，中國無疑是最主要的參與者。無論是在英國、美國，還是在日本、韓國，中國都已經成為第一大的留學生來源地。全球第一大的

「留學生輸出國」絕對談不上是個美譽，更別說中國大陸學生長期以來偏低的學成回國率是件令大陸教育界尷尬的事情。

無論是經濟起飛後的台灣，還是改革開放後的中國大陸，華人社會向來以勤奮刻苦聞名。甚至連族群多元的美國社會，《虎媽的戰歌》都好似吹響了一波東方教育向西方教育挑戰的號角。不少陸生來台前都以為台灣的教育就如同他們所熟知的香港一樣，已經走上西方式的道路。然而，來了以後才發現，他們或許只對了一半，在這裡，他們雖然有著滿是從歐美名校畢業的老師，然而他們也發現，這裡的考試制度、官僚制度與大陸又何其相似，台北明星高中與北京重點高中畢業的同學，原來也可以一起吐槽他們雷同的高中生活。

對台灣來說，一方面教育改革、提倡多元教育的呼聲不斷；另一方面卻又焦慮海峽對岸看起來有那麼多更用功、更刻苦的學生，這是不是陷入一種競爭力的迷思？

賈士麟帶著加州柏克萊大學的學歷來到台灣，不時會被投來狐疑的眼光，這似乎是一種「向下流動」。在看重「排名」的社會裡，似乎只有從低名次向高名次攀升的道理，斷沒有從高名次向低名次流動的邏輯。

大學需要更多元的聲音，陸生來台，正是讓兩岸既熟悉又陌生的年輕人，有了重新審視自己的機會。兩岸有著全世界最用功的學生，然而華人學生在課堂上讀得死去活來的同時，卻往往發現讀得大多還是歐美的理論。如果在全球化的時代，競爭無可避免，那麼兩岸學生是不是可以跳脫狹隘的物化競爭，激發更多元思想的碰撞？這需要台灣和大陸敞開更廣闊的心胸。

05 台灣，故鄉或異鄉？

05 台灣，故鄉或異鄉？

二〇一二年五月末，新浪微博[1]，北京的一位女孩貼了兩張台灣紙風車劇團《紙風車幻想曲》的門票，激動的在微博上呼叫吳念真導演：「熱盼吳先生來京。」就在幾天前，另一位海南省海口市的女孩，也在微博上激情澎湃的寫下《賽德克．巴萊》的感想，說這是「一部沒有理由不去看的電影」。

又幾天，五月三十日晚，導演魏德聖在海口，接過第十二屆華語電影傳媒大獎「最佳影片」的小金人。同一場頒獎典禮上，九把刀和柯震東憑藉《那些年，我們一起追的女孩》分別拿下最佳新導演獎和最佳新演員獎。

此前幾個月，《那些年，我們一起追的女孩》在大陸的網路內外燃起一把青春之火。從香港到北京，一路向北，聲勢甚至超過不久前王菲、李亞鵬夫婦製作的《將愛情進行到底》——大陸第一部青春偶像劇的後續電影版。因為片子部份畫面被剪，廣電總局在觀眾怒火中，成了新一輪的眾矢之的。這中間穿插的花邊新聞也都跟台灣密切相關：小S產後復出連續多日上新聞、賴聲川的話劇女主角選定了湖南衛視當家花旦謝娜……

1　大陸最流行的社交網站平台，類似推特（Twitter）。

如果說五、六年前，《牯嶺街少年殺人事件》、《最好的時光》還是文藝小青年、小清新們尋找彼此氣息的暗號；今天，台灣文化元素已經大規模、小範圍地浸潤到大陸民間的生活中。

每個人都有個「台灣情結」

不過細細回顧，台灣文化「反攻大陸」並非畢其功於一役。一九八〇年代的瓊瑤、鄧麗君，一九九〇年代的三毛、席慕蓉曾風靡整個大陸；二〇〇〇年開始，周杰倫、陶喆、王力宏從中學生、大學生的耳機裡走上《春節聯歡晚會》的舞台——除夕夜十三億人中一半以上都會收看這檔相當於春節新民俗的節目。新生代歌手林宥嘉、蕭敬騰、張懸等，在大陸都有並不小眾的粉絲群。

台灣的男女明星，通過偶像劇、電影、音樂在大陸家喻戶曉；二線藝人通過綜藝節目，也在大陸青年中擁有一定的知名度；就連閩南語鄉土長壽劇《再見阿郎》、《又見阿郎》也被配上普通話，在央視的黃金檔播了又播。雖然鄉土劇說普通話讓在大陸的台灣人看得「吐血」，但大陸的歐巴桑們可不管是否聽懂片尾的閩南語歌，照樣掌握電視霸權，一集傷心一集笑。

追著《流星花園》、《我猜》走過青春期，進入大學後，一集集《康熙來了》配宵夜，說生於上世紀八十年代末、九十年代初，成長於二十一世紀的年輕人，是看著大小Ｓ姊妹成長的一代，並不誇張。哪怕是已過而立之年的博士生們，也都有屬於他們那個年代的「台灣情結」。

來自廈門的同學，感觸更為深刻，「我小時候就看老三台啦，還聽中廣流行網，要『喬』位子你知道（指收音機），聽那個呂文中的，不聽會睡不著；像保力達蠻牛那個廣告，從小播到大。」在陸生劉莫同看來，廈門的小孩子，對台灣都帶著一種天然的好感。在許多大陸人的眼中，台灣是一個繁華多姿的海上舊夢。

然而又不僅止於此，中國前線人物生活週刊記者熊寥在〈被遺忘的時光〉文中提到，「或許是一種味道。氤氳在偶像劇、綜藝節目、小清新電影、獨立音樂、侯孝賢、楊德昌、張大春、駱以軍、羅大佑、李宗盛這些名詞背後的繚繞氣息。」[2]

在淡淡的舊時光裡，有一種氣場連初次到訪的陸客都能感受到，那是熟悉又陌生的故鄉味。

與路人成為朋友

許多大陸人對台灣的好感，始於陌生人的禮貌與熱情。進入任何商店都會遇見笑臉和問候，上下車司機會跟你說謝謝，出入電梯總有一個人為你摁住開門鍵。迷失在台灣的大街小巷時，總有一個路人為你細心指引，甚至直接把你護送到目的地。

東海大學資工系的北京女孩米麗曼，就曾經因為一次問路，結識了一位台灣朋友。

二〇〇八年，剛上高一的她隨旅行團來台灣旅遊，那時兩岸飛機剛開通直航。在台北的某個夜晚，她和朋友到小巨蛋附近閒逛，因為找不到買CD

2 熊寥，〈被遺忘的時光〉，二〇一二年三月二十八日，《旺報》「大陸人看台灣」專欄。

的唱片行，隨便向一個路人詢問。沒想到那位路人先生熱情地說，我帶你們去吧。一路上跟她們聊天，「很High」，之後雙方就互留了電郵信箱。

在那之後兩年的時間裡，他們一直保持著網路的交流，路人先生成了她的朋友，時不時地發一些台灣的美景、新聞，他去某地的感受給她。高中三年忙於課業，有時候看到他的郵件也沒有時間回覆，但這樣的聯繫並未斷絕。

這個大喇喇的北京姑娘直呼「神奇」，「你想啊，只是一個路人呢。」

三年後的二〇一一年，米麗曼再次踏到這片神奇的土地，此時卻不再是一個匆匆過客，她將在台中的東海大學度過四年大學生活，這段註定留下更多美好回憶的青春經歷。因為地處台中，來台灣三個月，米麗曼還沒來得及跟「路人先生」見面，卻跟當時帶她們在台中旅遊的導遊重逢了。一直保持聯絡的兩人，約出來見面，導遊先生作為「地頭蛇」，跟她分享了很多務實的經驗，這讓小米更加覺得不可思議，「在大陸，導遊只是一份工作。」完成了這次工作，彼此再無交集。

火車為我而停

這樣的人情故事，幾乎每一個陸生都能說出一兩個。

Teresa曾是東華大學交換生，在結束四個月的台灣交換生活後，她和朋友拎著近一百公斤的大包小包準備離開學校，結果卻遲到了，朋友的車剛剛拐出校門，她遠遠看見那班莒光號火車，已經進站，而那時，兩個拎著大包小包的女生，距離它還有幾百米。

不可思議的事情卻在此時發生，「火車站大叔們從辦公室裡出來喊加油，還幫我們提行李，用木板在無人的火車道上鋪出一條路，讓我們抄捷徑免得走天橋。」在她們手忙腳亂的爬上火車後，火車距離發車時間已經過去五分鐘，車上的乘客非但沒有指責，一位帶著草帽嚼著檳榔的阿伯還用閩南語教她們怎樣放置箱子。

這種在大陸幾乎不可能發生的事情，讓她感覺如同做夢一般。上車良久，Teresa終於相信，這輛火車為她們兩個離鄉人停了下來。[3]

---

[3] Teresa，〈火車經驗串起對台灣的回憶〉，二〇一二年三月三十日，《旺報》大陸人在台灣專欄。

北京小伙多了個「台灣乾媽」

有幾位陸生的奇遇，甚至在坐上往台灣飛機那刻就已經開始。

二〇一一年九月初，在飛往台中的班機上，坐在十八歲的董心成身邊的不是父母，而是一個看上去五十多歲的台商。「他看我一個人默默的吧，就跟我聊天。」得知董心成是獨自一人跨海求學，他不斷稱讚，「很厲害，很厲害。」這對忘年交一路上相談甚歡，原本下飛機該各奔東西，可那位台商害怕董心成在台灣無親無故，如果學校的人沒有接到他怎麼辦，就一直留在機場陪他聊天，直到逢甲大學的學長姊把他接到了才離開，臨走前還給他一張名片，「有什麼事就打給我。」「哇，當時就覺得，台灣人太熱情了。」

中山大學企業管理研究所碩士生張淼，有一段更有意思的飛機奇遇——他在飛機上認了一個「台灣乾媽」。

九月六日，上海飛往高雄的飛機上，二十二歲的張淼帶著憧憬，準備在中山大學的海邊度過兩年的研究生涯。此時尚未相識的「乾媽」坐在旁邊，五十歲上下，剛好在上海出差。巧的是，她是台北人，卻住在高雄，他是北京人，卻在來台灣之前到上海玩了一趟。

「我們就覺得特有緣」，「乾媽」一下子喜歡上這個說著一口京片子的北京小伙。下飛機後，阿姨把郵箱、電話通通留給了張淼，讓他有空就帶同學到她家玩。

到學校後，張淼跟阿姨發郵件告知新號碼，阿姨帶著他在高雄玩，請他吃飯，說到她的兒女都住在台北，便提議收他做「乾兒子」。從此以後，北京小伙張淼就多了一個「台灣乾媽」。

台灣濃濃的人情味，安慰了許多在異鄉的遊子之心。

到台灣後半個月左右就是傳統的中秋佳節，居住在南部的同學大多返鄉過節了，中山大學亞太所博士生、來自福建南平的劉積亮準備和一些陸生過節。沒想到卻接到了幸珮姊的電話，邀請他跟她回屏東老家過節。

幸珮姊是中山大學負責陸生事務的職員，在劉積亮來之前就一直和他保持郵件溝通，雖然比劉積亮還小一個月，他卻一直叫她姊。

在屏東鄉下住了兩、三天，回來後不久，幸珮姊就離職了。雖然仍保持聯繫，但多以為人情僅止於此。讓積亮意想不到的是，在那之後，他竟然接到幸珮姊父親的電話，問他是否還好，說有空還是歡迎他去家中遊玩。

一向沉穩的積亮，說到此處也尤為感動，至今在他的臉書上都能看到，說他已愛上高雄，愛上台灣。

「好到嚇一跳」的陸生優待

來自大陸，讓許多陸生受到很多優待。

米麗曼就被一些人的好心，「好到嚇一跳。」有次她坐計程車出門，司機得知她從北京遠道而來，甚至不收她車費。每次她去游泳，都會收到免費的游泳券，連送了好幾次。逢甲大學的吳梓杰說，有次他們幾個陸生去學校附近便當街吃飯，老闆聽出來他們是大陸人，「還特意送我們一杯茶。」

在大陸人刻板印象中的深綠大本營，很多陸生被高雄人的熱情感動得一塌糊塗。

張淼剛到高雄時，經常去學校郵局寄明信片回大陸。一位員工阿姨一邊幫他寄明信片一邊和他閒聊，發現他居然是從大陸來的第一批學位生，「阿姨說，我來高雄的時候正好是她上任的第一天，感覺特別有緣分。」就熱情地送他郵票，以後每次去仍會送各種小禮物給他，不過當然，張淼也回贈了禮物給阿姨。

開學後不久，張淼和另一位陸生到高雄著名旅遊景點——愛河遊玩。問路的時候，結識了一位阿姨，彼此多聊了兩句。得知他們來自大陸，阿姨熱情地介紹說，高雄的水果非常有名，「你們吃過了嗎？」張淼兩人客氣地回答，剛剛安頓下來還沒來得及品嚐，沒想到阿姨居然準備直接拉他們上家裡吃水果。兩小伙子狠狠地吃了一驚，不過還是委婉地謝絕了阿姨的好意。

在台灣人眼中冷漠的台北，藺桃也感受到身為「同胞」的優待。

那日一位大陸友人來台訪問，她和另外一位從法國來交換的陸生尹明陪友人夜逛永康街。天空飄下微雨，昏黃的燈光中，藺桃沒法辨別方向，便帶著他們閃身進了金山南路上一家小店。

店內只有老闆和熟悉的客人在聊天喝茶，三人坐下來，環顧四周看不出這家擺著書、布藝和陶器的店是否營業。客主點單，一來二去，老闆得知這群人的大陸人身份，先送上三盞金銀花茶，說可以養神安眠。坐在老闆旁邊的客人，興起也加入聊天，乾脆搬過去同坐。

言談中，客人得知那位大陸友人曾多次出入緬甸，幫助抗戰老兵返回故里，便激動地說起自己幼時從雲南往緬甸的家族故事，也請老闆開了一瓶上好的紅酒助興。中途他回家去接上補習班的女兒，說定回來再喝一杯。

老闆陸續拿出緬甸的起司和榨菜等特產送予藺桃一行人品嚐，一邊說著兩岸的故事與歷史。未幾，客人果然返回，暢聊人生、家族史，直至深夜一點半。末了，他堅持把四人所點之茶水一併結算。老闆親自撐傘送他們上計程車方才分別。

這一夜的記憶讓藺桃和兩位大陸友人頗多感慨，「莫愁前路無知己，天下誰人不識君」。

台灣，你是人間的四月天

奇遇並不天天有，而起居住行中的細節，卻總能讓人感受到這片土地上，人們的溫暖與敦厚。

弘光科技大學的陸生金韞昊，第一次被系主任引薦給授課老師，就被稱為「寶貝」，因為她是應用英語系的第一個陸生。

劉莫同去逛百貨公司，有個阿姨對他說，你穿得太少，要穿多一點，這個二十多歲的大男生當下就感覺到一種像是家人的溫暖。

同學相處也甚為貼心。米麗曼住在學校宿舍，每到晚上睡覺，她準備爬上床，此時仍在聽音樂的同學就會自動把燈和音樂都關掉。小米經常會背痛，「我一回來啊，就發現桌上多兩袋麥片。」室友回家時，往往就會有張便條在小米的桌上，「我們今天都要回家，你自己要小心。」

甚至工作人員的細心也能讓人頗感慰藉。劉莫同就曾多次提到「我們國際事務處的潘小姐」，來台前，劉莫同有一事不明，直接撥越洋電話到將就讀的學校，接起電話的潘小姐，聲音甜美，還特意提醒，她會發電子郵件回覆，不用特地打電話，因為電話費很貴。此後種種細節，都讓劉莫同深受感動。

春節後返校，藺桃因為辦保險需要前往移民署辦理統一證號基本資料表，在此之前，所有的出入境資料都是由學校國際事務處幫忙辦理。得知藺桃是第一次去移民署，處理陸生事務的胡雅婷小姐貼心地幫她印出一張谷歌地圖，並先電話聯繫好移民署工作時間，以免撲空。

習慣了大陸工作人員的公事公辦、甚至永遠也打不通的辦公電話後，台灣人的耐心與細緻，總能讓人一天都心情舒暢。

陌生人的熱情，初識者的禮遇，新朋友的關心，融化了跨海就學遊子的心。因而有陸生形容台灣生活的四個月，就像民國才女林徽因筆下的詩歌[4]：

「你是一樹一樹的花開，是燕在樑間呢喃，

——你是愛，是暖，是希望，你是人間的四月天！」

被同種語言分隔的兩個社會

早春二月，杭州剛剛飄過這個冬天的第一場雪，一個半小時後，藺桃就脫掉厚重的外套，走出桃園機場。身體的舒展並未讓她的心情跟著放鬆。

重新回到台灣，她下意識地提醒自己收緊奔放的大陸人口音，找回一個月之前，記憶中的台北腔調，低聲而委婉，但又不僅限於此。

---

4 林徽因詩作，〈我說你是人間的四月天〉。

一路上，她看著窗外似曾相識的風景，未與他人對話。但下車時脫口而出的一句「師傅，台北車站有下」，讓她感覺一下被徹底打回原形，過去四個月的適應與矯正通通白費，她又得從「司機先生」從頭學起。

口音像是一層保護色

美國作家海斯勒（Peter Hessler）二十三歲從普林斯頓大學畢業後，繼續前往英國牛津大學深造。在他看來，那個同樣說著英語的國家，應該能夠很快融入。但有太多出人意料的不同，「兩個國家被一種同樣的語言分隔」。中文名為「何偉」的海斯勒說，他從來沒有融入過英國當地的生活。[5]

同樣的，大陸和台灣經過多年政治壁壘的隔絕，雖然說著同樣的語言，許多時候也保留著類似的風俗習慣，但，總有一些意料之中的不同。口音和用詞的細微差異，就像空氣一樣，出現在每天的生活互動中。

---

5 何偉（Peter Hessler），〈我會回到中國，也許不再離開〉，《新京報》C03版，二〇一二年三月十七日。

「多蝦」、「拍謝」，是很多陸生學會的第一句閩南語，「真的假的」，是陸生學會的第一句口頭禪，而這並不代表疑問，只代表驚訝。

偌大的食堂，一聲「阿姨」就能分別台灣學生和大陸學生。熱情的阿姨，總會一邊給你多加塊馬鈴薯一邊問你從哪裡來，在每天都回答同樣的問題後，有些陸生也許就開始學著台灣同學，舌頭拐個彎，平聲變三聲。

嗲嗲的台腔，在一些大陸人聽來，甜美又溫柔，確實「像蜜糖一樣能從頭澆到尾」。但有些女生甚至男生「嗲得冒泡」的台腔，卻會讓另一些陸生抓狂到內傷，「能不能把舌頭擼直了說話？」[6]「其次，咱能不撒嬌了嗎？」

不過，大多數陸生只會在心中默默出現這樣的台詞。

在某些場合，學會用嗲嗲的台腔甚至不說話，對陸生來說就像一層保護色，在這個沒有容貌與服飾差別的社會裡，保持著不需要出頭的低調。

6 擼直舌頭，是大陸北方人常用的一種口語，即把舌頭伸直之意。

「甚至我有時都不好意思開口講話，因為我一口字正腔圓的普通話在這裡聽起來更像方言。」淡江大學陸生蔡博藝在她的文章〈我在台灣，我正青春〉中描繪的心情，是許多陸生的內心寫照。

來自北方的同學，通常很難把一口標準的普通話掩藏起來。在中正大學待了快一年，北京姑娘陳爽還是一開口，身分就露了餡，但有時候對方問的竟然是：「你是香港人嗎？」

陳爽滿心好奇，為什麼很少有人想到她是陸生，便笑著答上一句：「請問你聽過說話有京味兒的香港人麼？」由於台灣的校園還不曾出現長久居住的大陸人，作為第一屆來台的陸生，陳爽自認她們無疑是兩岸教育交流的開拓者。

來自大陸南方的同學，因為口音近似，模仿或偽裝往往很成功，尤其家鄉在福建的陸生，口音完全不是個問題。

劉莫同走在台中的街道上，甚至有一種回到老家的感覺，「我是廈門人，從小講閩南語，台中的腔調反而跟廈門更像一些。」

「我用台語跟台灣民眾交談毫無壓力。」去銀行匯兌的時候，阿姨驚訝地問眼前這個滿口閩南語的男生，「你是大陸人？」蔡說：「是，是。」「怎麼可能？」得到的還是一聲驚訝。路邊賣章魚小丸子的姊姊也很奇怪，這個「台灣郎」居然不知道甜不辣、黑輪是什麼。因為並無語言的差異，劉莫同也可以進入學校的民調中心，體驗一下用閩南語進行電話訪問的感覺。

東海大學的于喬來自福州，一進學校就參加了熱舞社。他並沒有告知社友自己的陸生身份，一連三個月，朋友們竟然也都沒有發現。「我到哪裡，我只要不講，他們都不知道。」

不過，新的問題卻層出不窮。

在許多台灣人看來，大陸人說話都會捲舌。有的台灣同學就會當著劉莫同的面故意學翹舌音，「他們就是感覺很好笑。」「事實上，在大陸只有北方說話才會捲舌啊。我覺得不該因為口音這樣（區分台灣人和大陸人）。」

東海大學一位老師喜歡用他以為的大陸人口音，和李彬揚說話，在他印象中大陸人說話都是那種怪怪的音調。此時李彬揚只能默默在心裡碎碎念，「就什麼都不是啊，沒有人那麼說話。」

大陸人說話直接？台灣人較委婉？

對于喬來說，他選擇沉默，還有一個原因。

在課堂上，于喬因為說話生硬，看起來凶巴巴，被老師直接批評，「我覺得你說話很不禮貌。」

採訪多位陸生和經常與大陸人互動的台灣朋友後，發現在大家的印象中有著這樣的「共識」：大陸人說話直接，而台灣人說話委婉。

說著一口「吳儂軟語」的蘇州女生金韞昊，剛開始也很難適應台灣同學的委婉。「我們有什麼就說什麼，說話直接，有時自己都沒意識到就傷害到別人，人家聽了就會不開心。」而台灣同學說話會顧慮別人感受，「剛開始跟他們相處的時候，講話會特別小心。」

習慣「謝謝」、「對不起」掛在嘴邊，韞昊的這種改變卻被她的媽媽調笑，「我媽說我太客氣了，回去後她會不習慣。」

雖然相處久了，金韞昊發現台灣人原來說話也很直接，男生之間也會開玩笑。但更多時候她還是願意跟馬來西亞的僑生在一起，這樣在她看來沒有那麼累，「回到我們那個社團就變回原樣了。」

花生叫土豆，土豆也叫土豆？

在新光三越的信義商圈，匆匆路過的藺桃耳聞一對陸客夫妻與警衛的談話：

「請問到深坑該到哪個方向？」

「那裡很遠。你要去坐捷運。」

「沒關係，時間來不及，我們可以『打的』去。」

「……那裡很遠，你要去坐捷運。」

路過的藺桃見警衛沒聽懂「打的」，只好上前告訴他們，只需要隨便攔一輛計程車，上車告訴司機地址就行。

當「打的」（搭計程車，「的」音同「滴」，意為「的士」、TAXI）這種大陸人習以為常的詞彙，第一次出現在台灣人的語言環境中時，往往讓雙方對話「牛頭不對馬嘴」，雖然說的都是漢語，卻如同生活在不一樣的世界裡。

因為兩岸用詞的差異，第一批陸生鬧了個笑話，還上了新聞。

輔仁大學的陸生選了一堂桌球課，興沖沖跑去，才發現不是優雅的斯諾克（snooker，即撞球），而是中國大陸的「國球」乒乓球。原來，台灣人口中的「桌球」事實上是乒乓球，而大陸人概念中的台球或桌球運動，在台灣叫做「撞球」。

中國時報記者蘇瑋璇，把這一有趣現象寫進了她的報導，陸生和台生看畢都恍然大呼：「哇，原來還有這樣的用詞差異。」更多遣詞造句方面的差異，讓陸生台生的交往變成了一堂堂或搞笑或尷尬的討論課。

二〇一二年二月一日，電視節目《我們一家訪問人》播出了著名製作人王偉忠與第一批陸生的談話。世新大學口語傳播系的陸生韓冰說道，她跟台灣同學說學校附近的起司土豆很好吃，結果對方半晌沒反應過來，韓冰解釋「就是起司馬鈴薯啊」，這下大家笑翻了。

「我知道台語裡面，花生的發音就是土豆，可是花生叫土豆，土豆也叫土豆，你們不會暈嗎？」這樣的反問把主持人都弄懵了。事實上，台灣的花生叫土豆，大陸人概念中的土豆，在台灣叫馬鈴薯。當然，大陸太大，各地習慣語也有差異，馬鈴薯這種稱呼，在大陸也經常有人用。

類似這樣的用詞差異還有許多，「鳳梨」和「菠蘿」，「冷氣」和「空調」，「滑鼠」和「鼠標」，「隨身碟」和「U盤」……逢甲大學應用數學系的董心成還補充說，大陸學生耳熟能詳的「勾股定理」，在台灣的課本中變成「畢氏定理」。在前述的節目中，一幫大陸學生，忙著向台灣主持人和觀眾解釋：可樂在大陸並不叫「黑水」，大陸人也管警察叫「警察」，而不是「公安」。

從用語差異談到翻譯的差別。《Mission Impossible》系列電影，在台灣直譯為《不可能的任務》，而大陸則譯為《碟中諜》，現場的陸生覺得後者的翻譯顯然更好。《The Day After Tomorrow》在台灣直譯為《明天過後》，在大陸也是直譯，名為《後天》，台大碩士班的陸生胡憶陽覺得後者顯得比較搞笑。

這種翻譯見仁見智，而有陸生卻忍不住再次向台灣觀眾解釋。「無數人問我，《蠟筆小新》在大陸是不是叫智障兒童？我想說，不是！《蠟筆小新》在大陸從來就叫《蠟筆小新》。」世新大學陸生畢紀煉的澄清顯得義正嚴辭，另一位陸生的澄清，也讓大家驚奇：「我同學問我，麥當勞在大陸不是叫牡丹樓嗎？」

劉莫同在課堂上滔滔不絕地報告時，座下同學卻都默默竊笑。「是我報告得很爛嗎？因為我大學主修不是管理學……」劉莫同的心裡很忐忑。下課後問同學才知道，原來他把brainstorming說成了「頭腦風暴」，而不是台灣人慣用的「腦力激盪」。

這讓他感覺非常尷尬，好像沒有按照台灣同學的慣常用語，即代表了不正確，在他看來，也許討論課程本身比用語更重要。

而「雷」、「坑爹」、「二逼」、「非主流」、「白目」、「蝦趴」、「釘孤支」等兩岸流行語、口頭禪的背後，也許都有某個陸生或搞笑或尷尬的故事。

對於初次踏上這片土地的陸生們來說，「同與不同，都是欣喜」。而更多的同與不同之觀察，還留待更深的體驗。而接觸，只是理解、接受的第一步。

你什麼時候開始，這麼台灣了？

和許多留學在外的學生一樣，新鮮的比較勁頭過去，融入在地人的生活，成為許多陸生躍躍欲試的選擇。

馬英九曾經說過，兩岸之間關鍵的問題是核心價值和生活方式的差別。龍應台也曾說，海峽兩岸的關係，對台灣人民來說，只是一種生活方式的選擇。

但什麼是台灣人的生活方式？什麼才是核心價值的差別？這不是用一兩句話就能表達清楚的，脫離了「祖國母親」羊水保護的陸生，註定要用雙腳、用心去感受。

雖然從二〇〇五年開始就有大陸交換生陸續進駐台灣，但在許多台灣人眼中，他們也不過是長期一點的觀光客，看到的只是這個社會的表象，並未深入台灣社會的肌理。

當準備在這裡待上二至四年的陸生，開始深入到台灣生活的每個角落，某些方面甚至比台灣人還「在地化」時，你或許刮目相看，也許倏然警覺，「這些對岸來的客人，什麼時候開始，這麼台灣了」。

在法鼓山找到初發心

來台灣之前，來自廣東的胡俊鋒對台灣佛教的瞭解，僅限於佛光山和慈濟功德會。大學時代的導師第一次跟他說起法鼓山時，他還把法鼓的聖嚴法師和慈濟的證嚴法師弄混。那時的他還不知道，短短半年後，他會在法鼓山出家。

這個人類學學士，在廣州的中山大學就讀的四年中，有三年在跟寺廟打交道，半年間潛心待在基督教堂，道觀、天主教堂也時常去坐坐，甚至在被大陸政府明令禁止的「十四大邪教團體」之一的三贖基督教也待過一過月，「但並沒有哪個宗教信仰，能帶給我特別的幫助」，他一直是個「他者」，站在宗教的門外。

直到遇見「法鼓山」，他開啟了自己和佛教的「因緣」。

胡俊鋒是台灣大學心理學研究所碩士生。剛到台灣時，他面對物質、精神、情感的三重煎熬，而且人地生疏，甚至經常坐錯車；沒有心理學基礎，一堂必修課他竟然只考了九分，「怎麼努力都會被當掉。」這種危機感是這位習慣頂尖的資優生從來都沒想過的。受限於「三限六不」，無法取得獎學金，家人反對他跨海求學的聲浪總是一波未平一波又起。為了省錢，他經常放棄搭公車或捷運，提早一兩個小時出發，走路去目的地。每天行走在台北的大街小巷，但新奇的體驗和升學的快樂，並不能消弭這些煩惱。

最終他選擇了做義工這個出口，「不需要花錢也不會觸法」。在社團展覽上，他加入了台大法青會（法鼓山世界青年大會），期中考那一週，他接到社團學姊的一個電話，請他上山幫助拍攝一次活動。自稱不會拒絕人的胡俊鋒，帶著滿腹的心事加上學業的壓力上山了。

他拍攝的是一次禪修活動，第一次聽到法師講述聖嚴師父「四它」的開釋：面對它、接受它、處理它、放下它，他的心靈彷彿被什麼東西撞擊了一般。

山上規律的作息，讓一直晚睡的他，「很舒服，還吃得飽」，「法師們也很可愛，不嚴肅，居然叫我站到佛像旁邊去拍攝。」

這之後，這個迷茫的大陸青年就成了法鼓山的義工。每次接到法鼓山的志願服務通知，胡俊鋒都會早早起床，趕到台北車站東三門，搭早上八點的義工車上山，一直到深夜才回到宿舍。「放下就成了我的『藉口』，每次熬夜兩三天看論文、寫報告之後，就想丟下課本去山上感受規律的生活。」

順理成章的，胡俊鋒報名了法鼓山的青年營，參加了多次禪修活動。「禪修忌語，讓你不斷跟自己對話，找回自己的初發心。」他發現自己一直沈陷於沒有金錢支持的恐懼中，不斷地尋找基金會的支持，「我們有時候會因為聚焦某樣東西太久了，成了坐井觀天的青蛙，以至於我們可能忘記了自己的初心，在茫茫人海中丟失了自己。常常把心沉澱，觀照自己的身心，把視野放大放廣，天空不僅僅是這一小片，它還可以更大更精彩。」

禪修靜心後，他開始找回初發心，「我來台灣是為了學習，而不是為了賺錢。」逐漸開始關注台灣有而大陸沒有，或者大陸剛起步、台灣卻已經成熟的產業，並且在大陸導師朱建剛和台灣導師黃光國的雙重幫助下，開始深入探索台灣本土心理學的發展、台灣健保、台灣社區大學的發展等議題。

更讓他意外的是，他和系上另一個陸生，後來如願各獲得每年十五萬

胡俊鋒新著《台灣，你可以更讚》

胡俊鋒的《台灣，你可以更讚》已於二〇一二年十月，由台北「新銳文創」出版。

元新台幣的私人補助。「雖然只夠涵蓋學費，但已經很知足。」

深入法鼓山，從義工再到短期出家，他與整個法鼓山都建立起聯繫，ＦＢ上的好友也一天天增加，「給我強大的人際支持。」許多台灣同學也是通過ＦＢ才驚訝地發現，這位總是笑嘻嘻的大陸同學，居然已經如此深入台灣的文化生活。其實許多台灣同學聞法鼓山盛名，卻從未踏訪過。

在他的影響下，幾位台大的台灣同學和大陸同學一起，第一次走進了金山腳下的法鼓山，體驗佛教一日禪。

去年，胡俊鋒把自己這一年感受到的兩岸生活、學術各方面的不同，以及法鼓山的經歷寫成了一本書。

爬山，帶給我從來沒有過的成長

有人說，旅行的意義是為了尋找全新的自己。在生活迥異的異域，也能讓人發掘自己的潛力，做一個完全不一樣的自己。

生長於江浙平原的吳梓杰，來台灣前從來沒有爬過真正的高山。如果不是大學位於群山環繞的台中盆地，他也許如大多數生長在平原上的孩子一樣，對山的海拔僅有地圖上比例尺的感受。

直到他加入逢甲大學登山社，台中的各座大山——合歡、奇萊、鳶嘴、白毛，都留下了他的腳印。對剛剛走出高中校園，開始體驗人生的吳梓杰來說，用腳一步步踩出的印記，比登頂珠穆朗瑪的意義更大，「這是以前從來沒有過的體驗。」

體驗的是什麼？是身心的艱苦、團隊的合作和登頂過程的體悟，這個大陸九〇後新生代（如同台灣的草莓族，也被認為是備受保護卻脆弱、自我的一代）在台灣體驗到的這一切，也許是他的大陸朋友們無法複製的。

爬山最先磨礪的是身體。吳梓杰第一次爬的是合歡山，因為沒有重裝登山的經驗，一路上他累得直喘。

再其次，磨礪的是心裡的恐懼。奇萊山是他和隊友準備攻克的第二個目標，晚上八點租車進山，沒想到半路拋錨。看不見來路也看不見去路的地方，只知道有一個大彎，為防止別的車撞到，吳梓杰在外面綁了個手電筒。為了求救，他還吹起了哨子，馬上被學姐制止了，「她說不要吹哨子，會有看不見的東西跟著你，弄得我也心裡毛毛的。」

後來租車行的老闆從台中開了一輛車過來，跟他們換車後，一行人才得以繼續出發，到營地已經是凌晨一點。沒想到，一位第一次爬山的同學突發高山反應，第二天早上的登山計畫，只進行了一個小時，就臨時撤出。

鳶嘴山是他爬過那麼多山後，第一次感覺到害怕的。「完全沒有走過這樣的路，有的地方腳根本踩不到，只能卡在石縫裡下去。」兩次下石壁的時候，他的雙腳完全踩空，只能靠雙手抓著繩子才能下來。

在爬山的過程中，這個正值年輕氣盛之齡的男孩，切身體會到了「一山還有一山高」，「就會把自己的心態放低，去謙和地看，其實還有很多更厲害的路，自己是完全走不來的。」

而團隊的合作，在越艱難的狀況下越顯得重要。「如果沒有學長學姊的幫助，我可能根本走不過這段路。」每次爬山，他都是和朋友一起在野外生活，一起煮飯一起睡。雖然不會做飯，但他總是會搶著洗碗，「總要幹點活吧，不然給台灣人的感覺是，大陸獨生子女什麼事都不會。」而這樣的體會，在如今「四二一」（爺爺、奶奶、外公、外婆加上父母和一個孩子）家庭型態普遍的大陸社會，可能很難體會得到。

爬白毛山，是他第一次挑戰那種沒有路的山。下坡時，路很滑，他一路被撞倒三、四次，滑倒三、四次，手還被刮破了。同學說，一路上就聽到他的慘叫聲。不過「那次走下去之後，就覺得自己爬山好像很厲害，蠻有成就感的。」

在這段爬山的過程中，他思考了許多人與山岳的關係，「不能把人和山看成征服與被征服的關係。」下山過程中，他發現自己只有藉助著樹枝才能走下去，人與山不是對立的關係，而是相互融合，「登山也是一種跟山岳、跟自然的對話吧。」在那以後他體會到，登山的樂趣在於攀登的過程，如果只是為了「撿山頭」，「快感也只有在登頂的那一瞬間吧。」

爬山對他而言，並不意味著挑戰山峰，而是在挑戰自己，「去達到一個自己達不到的地方。」從戶外回歸正常生活後，人便會感到一種「之前沒有過的成長」。僅僅三個月過去，爬山已經成了吳梓杰難以割捨的一項運動，他說以後回到大陸也會找一些山來爬。

事實上，並非只有一個吳梓杰，靜宜大學財金系的王岸也曾攀登合歡山。也有一位來自山東的交換生，在合歡山上脫衣服赤裸淋雪，還上了台灣的新聞。[7]

相信不管媒體的鎂光燈是否閃過，這些獨特的經歷都將是這些「九〇後」陸生一輩子的財富。時空殊異，這些體驗，以後可能不再有，即使再有，身邊也不再會是這些可愛的台灣同學。

機車很偉大，就像擁有了自由

在來台的半年後，藺桃的一位陸生朋友把她嚇了一跳。這位朋友居然「偷偷」去士林考了機車駕照。因為，剛到台灣的第一週，這位朋友接受台灣媒體採訪時，就曾經對滿街呼嘯而過的機車提出過抗議：大陸的每個城市幾乎都「禁摩」（禁止摩托車進入城區）了。

更讓人驚訝的是，去綠島旅遊的時候，這個姑娘竟然歡樂地和朋友無照駕駛環島一周，感受了一把御風而行的快感。聽到這個消息，藺桃的感受，就像台灣同學聽說她去法鼓山修一日禪的感覺，「這個妞什麼時候開始

[7] 民視新聞，〈上山等雪　陸生打赤膊湊熱鬧〉，二〇一一年十二月二十二日。

這麼台灣了！」

對於那些從小生長在都市裡的陸生們來說，機車是上個世紀的記憶，甚至有的人從來沒有在現實生活中接觸過機車。

身處交通便利的台北，有些陸生就如部份台灣人一樣，對機車的廢氣和噪音不勝其煩。但也有人無限嚮往，政治大學科技管理研究所碩士生胡月，一直想學騎機車，卻囿於陸生不能買機車的政策限制。（二〇一二年三月，教育部終於公告，陸生可以購買機車、考駕照。）

「在台灣的街道上，機車鑽來鑽去，很霸氣，反而汽車才是弱勢。」胡月甚至拿機車來比喻台灣，「在夾縫中生存，但有一股霸氣跟生命力，她很小，是彈丸之地，但也很有衝勁。」這個天生浪漫的男生，已經在想像騎車載女朋友的感覺，「很爽！」

蘇州姑娘金韞旲就讀的弘光科技大學，因為交通不便，許多同學騎機車上下學。有時候覺得等公車太麻煩，她也會坐著同學的機車出去玩，她用「酷」來形容那種感覺。

機車曾載著她走遍了台中周邊，也載她去過日月潭，再從彰化回來，

「從凌晨兩點一直騎，騎到早上九點多。」這樣獨特的經歷，她不敢讓爸媽知道，「蠻危險的，他們不允許我坐。」考慮到安全問題，學校也不讓他們坐機車，更別說自己騎了。

同學們對她說，「你知不知道，載你，我很有壓力啊？」但往往下次，他們又騎著機車出發了。這種背著老師和父母做出的「瘋狂舉動」，也許才稱得上是青春吧。

在貓空後山上，來自山東大學的政大交換生楊曄和她的同學左顧右盼，確認沒有警察後，這個沒辦法拿到駕照的姑娘，第一次騎上機車，雖然有同學在後面掌舵，但那種「風吹到自己臉上的感覺真不錯。」

機車，在楊曄看來是台灣人的一種文化、一種信仰。一位朋友曾跟楊曄說起，自己八十多歲的外公還會偷家裡的鑰匙去騎機車，即便之前曾摔倒在路上。楊曄轉述這個故事時，眼睛瞪得大大的，但體會過後，她感悟到，「也許就是想要掌握自己的人生吧。」

學業成績各方面都優於台灣同學的董心成，卻羨慕台灣同齡的人能夠騎著機車去打工，「就像成人一樣。」但機車從他身邊呼嘯而過，心生羨慕的同時，仍有一絲恐懼。

「我們在制度上已經成年了，可是還是不能照顧好自己，但台灣同學卻可以。」第一次騎上機車時，這個十九歲的男孩感覺到自己「很偉大」，「就像突然進化，擁有了自己的自由。」

在幾乎靠機車代步的高雄，中山大學的陸生們早於教育部的文件，考了駕照、買了機車，幾乎人手一台。

杭州陸生蔡鉞奇騎著機車，從中山大學後山的盤旋道，直衝山下的西子灣。機車在山道上左扭右拐，幾乎能與地面平行。在杭州就與他相識的藺桃坐在後座，突然發現，剛才那個滿身書卷氣、中規中矩的男生，原來也跳動著一顆奔放的心。

當海面延展在眼前，機車倏地熄火停在沙灘上，一股青春而自由的氣息伴隨著海風，撲面而來。

06 台灣，過去或未來？

06 台灣，過去或未來？

彼此隔絕了百餘年的兩岸，撥開重重雲霧，台灣人和大陸人開始無政治危險的直面相處時，會發現竟然有那麼多的時間差和空間差。有的時候，人們用先進、落後、傳統、背離、時尚、過時來形容兩岸的這種差距。

標籤是人們劃分「你」「我」的一種方式，只有經歷過台灣和大陸的「現在」的人，才能明白，標籤化下的生活中，誰是誰的過去、誰又是誰的未來？

慢活台灣、快節奏大陸：誰是誰的過去和未來

在葉孟元眼中，台中的山跟家鄉福建的山，連輪廓都那麼相似；在劉莫同聽來，有些人的「台灣國語」跟廈門的「地瓜腔」一樣，音韻讓人心生親切；來自廣東梅州的客家人胡俊鋒，在台灣彷彿找到客家人大本營；北京的陳爽看到嚮往已久的台北故宮瑰寶時，比看見她最愛的倉鼠還要激動……

除了每個時代的大陸人心中都有的那點「台灣情結」，每個陸生都能在台灣找到他們熟悉的那種感覺。那種感覺，就像是心底裡故鄉、童年的

味道。

兩岸直航後，一個半小時、最多兩個半小時的航程，就能到達大陸中東部的任何一個直航城市。初次踏上對岸土地的台灣人也驀然發現，在台灣過去流行二、三十年的音樂，居然從沿海城市的商店裡，播放到了四川、河南的小市鎮廣場。經歷過台灣經濟起飛時代的那些台灣人，也會告訴你，大陸今天的經濟奇蹟台灣也有過，大陸今天的人浮於事，台灣也有過。正如韓寒在〈太平洋的風〉中寫到的，「我們所擁有的他們都擁有過，我們所炫耀的他們的納稅人不會答應，我們所失去的他們都留下了。」

每一座房子都有故事

許多大陸遊客都有這樣的感覺，台灣和大陸很像。不說那按照大陸方位以大陸各地城市命名的道路，也不說現代的城市設計，如機場、捷運、地標建築並無特殊的風格，就連街景也似曾相識。台北車站旁邊招牌林立的巷弄，就像一九八〇年代的老上海，「綠樹成蔭的台北街道，會讓人以為到了上海衡山路。」滿街飛馳的摩托車，「呵，像三河（河北三河，與北京一河之隔）。」[1]

只是，人們可能一廂情願地誤解了這種相似。舊上海的風情在如今的上海，僅能在某些角落尋到。就像那親切的人情味，只能在經濟起飛前的童年夢中找尋。

無論是從桃園還是松山機場進入台北，許多陸生都會出乎意外，台北居然「破坡的，舊舊的」，還有許多「矮矮的平房」。從亞洲四小龍跌落到大陸二線城市的形象，有些陸生無法接受，一轉身拎包走人。除此之外，幾乎所有住下來的陸生，都說愛上了這樣古樸又寧馨的城市氣息。

無論台南、台北抑或鹿港小鎮，每一棟灰磚青瓦或紅磚白瓦的房子上，都有歲月流經的痕跡，都有著它獨一無二的故事。而它們如今都安好地發揮著功用，有的是政府機構，有的是博物館，有的是民居，還有的成了藝術村落。而散落最多的，是書店、咖啡館。

這些建築在大陸的大拆大建中，極有可能被摧毀或成為有名無實的房

1 熊寥，〈被遺忘的時光〉，《旺報》「大陸人看台灣」專欄，二〇一二年三月二十八日。

子。舊日時光以建築的形式重現，不僅成為台灣人的驕傲，也安慰了許多尋覓歷史的陸客陸生的心。

歷史，是一座城市的精神，一個社會的人文底蘊。在有歷史感的地方，無論你是哪個年紀，都會思考起過去和未來。

徐明義在異地想起了家鄉的古城、環城而過的護城河，還有那河上的小橋，只是，它們都在新城改造中不復留存。追溯更遠，他的父親回憶家鄉曾有一座歷史悠久的古廟，卻在文革時被徹底夷平，如今重建，還請來台灣的星雲法師開光，但怎麼也比不上當年的盛況。

離開家鄉到異鄉，卻感觸於家鄉的文化斷代傷痕，這不是徐明義才有的思考。和他同齡的吳梓杰，雖然覺得家鄉杭州在文化保護方面已經很不錯，開放的西湖，免費的景點，連台灣節目主持人陶晶瑩都曾經盛讚，在西湖邊的殘木上，還能看到水鳥。但一座裝有電梯的雷峰塔，始終像魚刺一樣，如鯁在喉，大煞風景。

不約而同，他還想起小時候，杭州舊城改造，把許多的舊民居都拆掉了，「非常可惜。」他曾到訪鹿港的天后宮，漂亮精緻，原汁原味。「論歷史，大陸的古蹟肯定更多、更久遠，但論保護和利用還是台灣好，大陸許多景點都過度開發。」

走在永康街、青田街、泰順街的小巷裡，看著日式、台式的舊房子在新生植物的點綴下，煥發著新春的生機。就像一位廈門來的交換生說的，整個台北都散發著一股泥土香，待在這片接著地氣的土地上，一顆浮躁的心，安了下來。

當寒假開始，陸生開始返回各自的家鄉，卻不知道何處才是故鄉。法國里昂大學東亞學院博士生尹明，曾兩次來台灣做數個月的研究。他從台灣回大陸時，著陸在上海浦東國際機場，一出機艙，看到陰霾的空氣、吵鬧的都市，還有似乎從來不會排隊的國人，甚至想直接打包「回去」。

陸客熊寥從台北回到北京，也生出和尹明相似的感觸，「一上地鐵一號線，我馬上打消了北京與台北相像的念頭。」

回去後，還能這麼放心地喝牛奶嗎？

台灣的空氣也能讓人比較，在北京生活了四年的湯思斯，是政大外交所的碩士生。她發現自己一到台灣就不再長痘痘了，「台灣比較乾淨，空氣污染比較少吧。」

台灣的街道上，看不到辛勤的清潔工，走遍一條馬路可能都找不到一個垃圾桶，但路面上除了樹葉，看不到一張碎屑。東海大學的葉孟元曾經觀察過，「在台中的街道上，有人製造了垃圾，會帶回家或者找到地方丟再掏出來。」此後，一時找不到垃圾桶，他也習慣把垃圾放進口袋，帶回宿舍，「這樣感覺比較好。」

相信跟他有過同樣經歷的陸生不在少數。

剛到台灣時，藺桃甚至不敢製造垃圾，因為不知道該把它們丟進哪一個垃圾桶。宿舍樓下或者教學樓裡，一字排開七八個箱子，紙類、錫箔、塑膠、玻璃、金屬、廚餘、一般垃圾。「在大陸，站在兩個垃圾桶面前我都猶豫不定，在台灣怎麼應付得來這麼多個。」

不過慢慢習慣之後會發現，這樣細緻的分類，遠比大陸「可回收」和「不可回收」的簡單劃分要好很多。因為分類好的垃報桶會明確告知，可回收的是哪些物品。每天準時到來的兩輛車，一輛回收資源，一輛裝走垃圾，也讓人相信，它們不會都被扔進同一個坑裡，被同一把火燃燒掉，雖然這在大陸見怪不怪。

許多陸生對台灣的垃圾分類又讚又敬，一位來台灣客座的大陸教授說，其實台灣也是從一九九〇年代才開始推行垃圾分類，沒想到短短二十年，居然做得這麼好。

還不止這些，一場場反核、反美牛、反瘦肉精的街頭運動，讓大陸人看到這片土地上的人，是如此珍視自己的生存環境，維護自己的家園。對岸爆出的一條條有毒食品、環境污染的消息，擊中了每一個大陸人的心靈。

前年年末，一位陸生受朋友之託，從台灣帶回去四罐奶粉。回去的路上，她在樓下便利商店，隨手拿了一罐林鳳營，突然慨嘆，「哎，回去之後，我就不能這麼放心地喝牛奶了，真不知道還能不能適應。」

開咖啡店也能成為夢想

即便有那麼多熱鬧的夜市，還有越夜越歡樂的年輕人，在大陸人眼裡，台灣仍然安靜。「台灣人走路慢，節奏慢，心比較靜，比較平。」

台灣街頭很少看到面無表情、走路快到撞到人也來不及回頭的上班族。這裡的大學生，活得也比大陸學生愜意許多，上課睡覺，下課打工，晚上娛樂，完全沒有大陸大學生早起讀英語、下課做作業，晚上還要抱著各種輔導書準備考各種證照的壓力。

許多陸生發現，台灣的老師好溫柔，課堂上和同學談笑風生；社團開會就是談天開玩笑，一開三小時；約好準點見面，台灣同學都能遲到半小時以上，讓你以為自己記錯時間……

「大陸那邊都很急啊，抄、錄像都來不及了，誰還跟你聊天。」東海大學陸生米麗曼的這句話，對剛經歷過高考的孩子們來說，應該並不陌生。

雖然也有台灣年輕人抱怨工作不好找，房價高到四十年買不起一套房，小學生要上各種補習班，但按照大陸網路的流行語，「這話讓大陸人聽見，大陸人笑了。」這種笑，相信也只能是苦笑了，「因為有些地方的房價，高到讓你不吃不喝一百年也買不起。」

兩岸青年的青春困惑與壓力，被台灣藝術大學廣播電視研究所的賴雅婷盡收鏡下。同樣都是在上一輩看來沒有責任感、自我的一代，「八〇後」、「草莓族」怎樣應對這一段迷茫的青春歲月？她用鏡頭追尋了四個來台交換半年的中國傳媒大學學生，還有兩位在大陸求學的台灣學生的經歷，足跡遍佈台灣各地和大陸五六個省市。

四位交換生與台灣同學學習、生活的故事，被她製作成一部紀錄片《登台、著陸、青春夢》在她的鏡頭下，大陸交換生在台灣玩得痛快、學得踏實，可是回到大陸後，就業壓力幾乎要把他們擊倒。不停地面試和等待，為了一個有北京戶口的工作，來自黑龍江的男生梁岩差點淚灑鏡前。

「他們很不明白，為什麼台灣同學都上了研究所了，還不知道自己想要什麼，怎麼還會想著畢業後還去打工旅遊呢？」聽到這樣的吐槽，賴雅婷湊到他們前面回答，「我就是這樣啊，我也是這樣想的。」「雖然我也沒有問過，他們現在想要的，確定是一直想要追尋的東西嗎？」

雅婷的回答應該讓大陸同學更感困惑吧。這個帶著四千元人民幣就敢獨闖大陸，還準備靠著這點錢撐上兩個月的台灣女孩，每天都跟著他們拍攝，有主見又有思想，就跟忙碌的大陸學生一樣，她會怎麼想？

「對台灣同學來說，研究生只是尋找興趣的一個階段，很多人的追求是從畢業後開始的。」這位用三年的研究生時光找到自己夢想的女孩，雖然已經就職於公視，但因為不能擔任所愛的紀錄片導演一職，也在謀劃前往北京電影學院，修習博士學位。（本書付梓前，賴雅婷已經實現夢想，目前正在攻讀北影博士學位。）

正跟台灣同學們一起開始大學生活的陸生們，對這種沒有目的的生活，也常常難以理解。米麗曼和女同學們聊天，發現她們中很多人考上好大學的動力，竟然是找一個好的男朋友，然後把自己嫁了。于喬和許多陸生都納悶，台灣同學怎麼每天都只和他談吃喝玩樂呢？

同學們下課後都去奶茶店、餐廳打工，金韞昊說，「大陸的教育告訴我們只有上不了大學才去做這種事，大家畢業後的目標，就一定要坐在辦公室。每個人都是往上走，公務員、醫生什麼的。」

但她／他們也都發現，這樣的人生似乎也很幸福，「蠻能聽從自己想要的，也不用有那麼大的野心。」一家人開個小店，幸福平安就很好。

也許有人會感嘆，「大陸同學都爭著進大公司、大企業，沒想到台灣同學的夢想，只是開個咖啡店？」但仔細看看，這樣的夢想，卻紮實地在這個城市生根，醞釀成這個社會無可比擬的文藝氣息。隨處可見各式咖啡店、獨立書店、二手書店、古董店，甚至賣衣服、賣巧克力的，都能走出獨特的線路來。

這樣慢節奏、不帶功利目的的生活方式，就像是人生的另一種選擇。也許不久以後，大陸的各個城市巷弄裡，也會有生長出一個個獨立書店、咖啡店……而店主沒準就是這些有著台灣經驗的陸生們。

台灣學生還熟識傳統文化嗎？

舊舊的房子、現代文明的習慣，還有樂活的人民，這個充滿泥土香的島嶼，總會讓人看到物質之下，傳統文化與信仰的護持。

許多人把大陸上人們浮躁、拜金，歸因於文化大革命摧毀了所有的宗教信仰，造成了傳統文化的斷層。無信仰、無文化根基，讓這片土地上的人，心無所安，錢成了信仰，為了錢不惜犧牲環境、摧毀文物甚至下一代的健康。

台灣作家楊照曾在一場論壇中說：「當年台灣跟中國大陸對立的情況下，中國大陸搞文化大革命，要取消中國文化，蔣介石就在台灣做復興中國文化運動。」[2]當年不念四書五經就要被打板子的孩子，成長為今天台灣社會上，純樸、善良、熱情、謙讓，保持著傳統風骨的一代人。

然而到了台灣，稍有年紀的人都會告訴你，他們也曾有過這樣的年代。弔詭的是，歷史在某些節點發生置換。

在接受新加坡《聯合早報》採訪時，世新大學通識教育中心的李功勤教授說，看到現在的大陸學生，就像「看到自己的過去，就像二、三十年前的台灣大學生，生活就圍繞在大學和知識。」[3]

陸生受邀參與世新大學新聞社的專刊製作，每個人的文章標題，都像三十年前的報紙，有詩有詞，頗見古風。

李功勤教授在訪問中認為，李登輝和陳水扁執政時期的「去中國化」，「讓台灣大學生的文學優勢，包括古典文學的基礎逐漸流失，相反的大陸或許經歷文革，更急於追尋文化的根。」

2 楊照在「走出瞞天罩地的時代」論壇上的發言，二〇一二年一月八日。
3 沈澤瑋，〈開放陸生三限六不，台灣大學教育引進活水〉，新加坡《聯合早報》第十六版，二〇一〇年一月三十一日。

徐明義的一位台灣老師與他交流時感慨，他的女兒上學時還在背古文，但到了更小的兒子上學時，基本上就不太學了。老師感慨，跟現在的台灣學生說起古文經典，很多人都是一臉茫然。臨了，老師考徐明義古文知識，徐明義隨口背出幾首杜甫的詩，老師誇讚道：「不錯，還蠻有文化！」

很多人形容現在的大陸就是三十年前的台灣，這個時間差也許代表了部份台灣人的優越，卻也讓許多大陸人充滿希望：現在的台灣，會不會是以後的大陸？也有台灣知識分子憂心，在與大陸相比並無明顯的硬實力優勢，大陸也在人文方面開始趕超的情勢下，台灣是否會失去文化、創意等軟實力優勢？[4]

如果沒有對現在的珍視、對歷史的省視，那台灣和大陸各自的未來，是否會如今日所期待的那樣發展，的確需要打個大大問號。這些問題拋給的並不只是陸生，也包括兩岸的決策者和公民們。

4 劉育東，〈台灣贏大陸的，是創意？〉，《遠見雜誌》第三一一期，二〇一二年五月號。

不過，當下，對陸生們來說，最需要宣誓的是他們的現在，「我在台灣，我正青春！」

這些年，我們在台灣經歷愛情

〈留下來，或者我跟你走？台陸生戀愛考驗嚴峻〉這樣一則新聞，二〇一二年四月十四日下午三點多才從「高等教育交流與兩岸關係發展」學術研討會的現場——台北金華街發出，當晚就傳遍了台灣的雅虎奇摩論壇、中時電子報，和大陸的人人網、天涯社區。

在這幾個年輕人聚集的網路空間裡，愛情，繞開政治，成為兩岸青年共同關注的話題。

淡江大學的陸生謝雨欣，彼時正伴在台灣男友盧思宇的身邊，一邊更新臉書，一邊更新人人網，享受著週日晚珍貴的二人時光。

在他們倆的臉書上，一張南下墾丁的群體照片，一如《那些年，我們一起追的女孩》劇照，充盈著青春的陽光味。

照片中大部份是陸生，還有兩對跨海情侶，他們親密無間的愛情與友情，與你我並無二致。他們的愛情，真的特殊到需要掛上「兩岸」「跨海」這樣的字眼嗎？

「我喜歡你，不信的話，我就從這裡跳下去」

雨欣和思宇，相識在一個相當搞笑的場合。

那時雨欣剛到台灣一個多星期，九月的台北酷暑難當，同來的上海陸生約她晚上蹓躂一圈，這個平時並不邋遢的女生想著，應該走不了多遠，就一身睡衣走下了樓，「反正都是熟人。」

逛完一圈校園，沒想到大家意猶未盡，繼續到宿舍旁的麥當勞打牌。說話間，另幾位從上海來的陸生，帶著思宇和另外一位台灣男生走過來，加入了他們的打牌陣營。

打牌聊天，一群「像打了雞血」的年輕人，竟然打到凌晨五點，有人提議去看日出。這群十八歲上下的少男少女們，又趿拉著拖鞋回到宿舍去看日出。看完日出，天色微矇，趁著那股勁，又有人吆喝著去夜唱。

「從頭到尾我都在跟另外那個台灣男生聊天，沒怎麼注意到他。」雨欣想起那晚自己完全沒有形象，怎麼可能讓一個男生一見鍾情呢？

然而沒有想到的事情，就那樣發生了。五官英挺、一頭長髮的思宇，趁著一點啤酒的酒勁，一直拉著雨欣表白，「我很喜歡你，你要不要做我的女朋友？」雨欣當他是開玩笑，別過身，和別人聊起天。「你不相信？不相信的話，我就從這裡跳下去。」思宇指著十五樓發誓。

第二天，思宇喜歡雨欣的傳言，就在整個圈子裡傳了開來。已然酒醒的思宇，把雨欣單獨邀了出來，跟她道歉，說不該在喝醉酒的情況下向她表白。接受完道歉，雨欣準備轉身就走，卻被思宇下一句話給絆住，「那你答應嗎？做我的女朋友。」

剛剛離鄉背井來到台灣，雨欣根本沒想過會這麼快接到告白。來之前，她還提醒過自己，就算要談戀愛，也一定只跟陸生談。「為什麼？」「不知道，覺得自己人比較可信吧。」因此，思宇得到的回答，當然是：「NO」。

不過接下來的日子，不氣餒的他仍然每天都透過陸生群體，找各種機會接近雨欣。有一天雨欣推搪間，無意說了句，「你頭髮那麼長，看上去一點都不乖。」「那我就剪掉啊，只要你帶我去。」雨欣沒想到，這個比她高出十多公分、玩著搖滾樂的大男生，居然這麼乾脆。

從理髮店出來，思宇把剪下的頭髮放在一個袋子裡交給雨欣保管——那養了多年的十多公分長髮。「當時很感動的，我後來才知道，他爸爸媽媽勸了他好幾年，都沒有讓他剪過頭髮。」

這偶像劇似的情節，一下就擊中了年輕女孩子的心。兩人開始正式交往，而這段頭髮，成了他們的定情信物。寒假，雨欣回上海，隔著螢幕，思宇問她，「頭髮你帶回家了嗎？」

「沒有啊，我放在學校，怕丟。」

「你怎麼能放在學校呢，為什麼不帶在身邊呢？」看似指責，女孩的心裡，還是有一道叫愛情的光閃過。

「他和他的家庭，讓我在台灣找到歸屬感」

交往兩個星期，思宇就跟雨欣說，他爸爸媽媽想請她吃飯，思宇一家就住在淡水。「我當時一再地推啊，說不想去。」雖然曾談過兩次戀愛，但都是年少時青澀的戀愛，從來沒敢讓家人知道。雨欣納悶了，台灣年輕人談戀愛，都要見家長嗎？

實在拗不過，見家長那天，雨欣硬是拉上另一個陸生朋友跟她一起。思宇的爸爸媽媽帶這幾個小孩在士林夜市吃小吃，聊著天。知道她們從大陸來，未滿二十歲沒辦法辦手機門號，還特意帶他們去電信業門市，希望幫她們擔保。雖然最後因不是法定監護人而無法辦理，但雨欣還是非常感動。

很快，思宇的媽媽就邀請雨欣上門去做作業，「後來他媽媽還跟我說，要我多去他家，這樣思宇才會回家。」原來和大陸的許多年輕人一樣，處在青春期的思宇和爸媽也是井水不犯河水的關係，平日都住在學校，不想回宿舍的時候就去好兄弟家裡通宵玩遊戲。

第一次上門，思宇就收到老媽對雨欣的好評，「我上高中以後談過七個女朋友，也帶了幾個女生回家，但我媽都不喜歡。」坐在一旁的雨欣對這些早已熟知，思宇回頭問她：「快說，你到底對我媽做了什麼，第一次見面就那麼喜歡你。還那麼胖……」「你才胖呢，大胖子。」雨欣不好意思地瞄了對座的藺桃一眼，隨手輕輕拍了一下思宇的胳膊。

誰能想到，這對恩愛的小情侶，前一天晚上還因為臉書上的問候沒有得到回應這樣的小事，濕了眼眶。甚至決定推掉採訪，雨欣懷疑，「我們的愛情有那麼偉大，值得被書寫下來嗎？」思宇卻覺得為什麼不呢？「每對情侶都會吵架啊。」

思宇因上課提前走開後，雨欣解釋說，「也許是他媽媽覺得，我管得住他，能讓他變得更好吧。」上個學期，思宇因為花了太多心思在樂團上，二分之一的學分被當（俗稱「二一」）。「淡江的規定很嚴格的，兩次被二一，就要退學。」所以思宇在猶豫著是否要蹺課陪女友接受採訪時，雨欣毫不猶豫地把他推向了教室。

如今，雨欣和思宇的父母已經熟悉到，「我用鑰匙開他們家的門，他爸媽也不會驚訝」的地步。思宇的父母想讓他回家吃飯，還得通過雨欣在臉書上發出召喚。雨欣還曾經因為和思宇媽媽聊天，差點超過宿舍的門禁時間。

「別的陸生總說在台灣找不到歸屬感，我卻感覺好像多了一對父母。他和他的家人，已經成了我在台灣的情感支撐。」不僅如此，自幼由爺爺奶奶撫養長大，與父母關係並不親密的雨欣，在與思宇一家人的互動中，開始明白，朋友固然重要，但家人才是一生都會守護在身邊的情感。「我以前跟爸媽說話都很客氣，現在我經常跟他們視頻，聊我在台灣的事情。」雨欣說，那種親密的感覺，是她過去十八年中從來沒有感受到的。

台女柔順、台男溫柔？愛情裡沒有絕對

其實，愛情真的與你行過多少地方的橋、看過多少次的雲，沒有關係，只在於，在正當最好的年華裡，遇到一個對的人。

蘭桃做過一個不完全統計，像雨欣和思宇這樣的「跨海情侶」（僅限學位生與台生的戀情），她所熟知的便有十對。其中既有大學生，也有碩士和博士生，分布於台北、高雄、屏東，「陸女、台男」，「台女、陸男」的配對，正好一比一。

有的情侶毫不吝嗇地在臉書上曬甜蜜，有的靦腆地將自己的臉書狀態改成「與某某穩定交往中」，有的則把愛情的消息隱藏在自己的世界裡，只有少部份的好朋友知道。

在這十對中，有兩對（雨欣和思宇、劉星和伊凡）接受了蘭桃的面對面訪問，另兩對（王傑和占曉紅、賈銘和璐璐）[5]接受了郵件問答（配對比例正好一比一）。另外六對選擇了沉默或拒絕。就像一位陸生的答覆，「談戀愛其實和兩不兩岸沒有太大關係，只與荷爾蒙有關係。」在多數時候，面對來自大陸、台灣驚訝的目光，他們只想靜靜守護自己的感情。

在「跨海情侶」名單中，有一位大陸男生來台前就和女友保持著異地的戀情，此番來台也是為了「投奔愛情」。有的感情，是在一瞬間的電光石火中迸發，有的則是在互動中慢慢傾心。但就觀察，他們的感情大多是在相識一個月後就確定。

「一見鍾情」已然太古典，用兩岸都正流行的話來說，就是「閃戀」。是不是因為兩岸的男生女生彼此不瞭解，因為好奇而瞬間產生好感？

曾經在許多場合聽過，台灣女生比大陸女生更乖巧、柔順，台灣男生比大陸男生更溫柔、體貼的說法。這些初次出現在你生命中的「彼岸來

5 此小節中，除雨欣和思宇外，其他情侶應要求均為化名。

客」，是帶著這樣與周邊人迥異的風采，偷走了你的心嗎？

兩位大陸男生劉星和賈銘都認為女友乖巧、柔順又貼心，甚至長頭髮也成為所愛之一。劉星說，感覺大陸的女生都非常強勢，男生都得圍著他們轉。就讀南部某大學的賈銘卻覺得，台灣女生大多活潑外向，大陸女生在感情上一般比較保守靦腆，處於被動狀態。

兩位大陸女生曉紅和雨欣，對各自的台灣男友評價不一。曉紅認為，雖然男朋友王傑很霸道，大男子主義，但是「在吵架的時候都會保持冷靜和謙讓。」雨欣卻說，她跟男朋友在一起的半年，「流了比前面十八年還多的眼淚。」剛開始的時候疼愛有加，後來也還是會有爭吵，「雖然最後都是他道歉。」

另外一個迷思是，有幾位陸生曾提到，台灣的男生更勇於表現，更會「把妹」，而大陸男生比較內斂。靜宜大學陸生蘭青甚至開玩笑說，大陸男生和台灣男生搞不好要打起來，因為「大陸妹子都被台灣男生把去了。」

佛光大學社會系助理教授陳憶芬，在她的研討會論文〈我的戀愛學分：談陸生與台生相戀〉中提到，「台男、陸女」的配對居大宗。她認為，這與大陸男生不夠大方有禮有關，甚至有的大陸男生「太學術凌駕」、「有共產黨的樣子」，也成為不能吸引台灣女生的理由。

但兩位台灣女友伊凡和璐璐，欣賞的卻是大陸男生的另外一面——成熟。「他比其他的男生都懂得更多。我和家人鬧彆扭的時候，他會用自己的經歷，告訴我該怎麼去面對。」見面後一直躲在男友劉星身後的台北女孩伊凡，在回答這個問題時，說了她最多的感受。而璐璐最欣賞男友賈銘是他的細心與體貼，「樂意在朋友不開心的時候當個傾聽者，分享朋友的傷心難過。」

雖然這兩位陸生用的都是老一套的聊天、約吃飯，博得了女友的芳心。不過看來愛情當中，並沒有絕對。

他們的愛情，不是偶像劇

「暖風吹得遊人醉」的四月，淡水河一眼在望，雨欣指著淡江大學宮燈大道說，那裡是偶像劇《我可能不會愛你》其中一個取景地。

在這樣一個美麗的地方，經歷著愛情，男女主角嫣然陶醉，卻無法將自己的生活與偶像劇生活類比。畢竟，生活還是生活。

雖然同文同種，但他們卻受著不同的教育長大。正如陳憶芬教授總結的，「避免談論政治」是台生、陸生情侶的共同默契。但在形成默契之前，彼此之間的觸碰卻或多或少會引發一些口角。

這四對情侶都承認，意識形態是造成他們吵架的原因之一。賈銘提到，「璐璐這一代的年輕人，政府都給他們灌輸台獨思想，當然她也被灌輸了，所以，偶爾爭吵是必不可免的。」不過認清現實後，慢慢地政治話題就漸漸從生活中褪去。

而一對最初就因為政治而相互吸引的情侶說，「如果說服不了對方，那就各自保留意見。然後該牽手時牽手，該親吻時親吻。」曉紅說，「吵著吵著就忘記了，然後，嗯，日子繼續。」

思宇則被雨欣帶入陸生的圈子中，說話用字也開始帶有「大陸腔」，朋友之間還會拿此事調笑，但思宇喜歡與陸生這種「互糗」的交往，因為「更舒服」。

雖然熱切的愛情中，他們往往會忽略對方「台灣人」或「大陸人」的身份，有的，只是你儂我儂。但許多現實的問題，仍然像一顆定時炸彈一樣，橫亙在他們的親密關係中。

說愛你，不如在一起。《海角七號》當中的經典台詞，「你留下來或我跟你走」，放在陸生身上，卻只有一個答案。

在陸生來台的「三限六不」中，有一項即是不能留下工作，在畢業後的一個月內，陸生必須返回大陸。如果雙方準備結婚，陸生必須放棄學業，重新以陸配身份申請來台。這樣嚴苛的現實，不僅讓陸生的命運「命懸於兩岸脆弱的關係」，連同的，還有他們獨一無二的情感。

其實大陸交換生與台生的戀愛結局，似乎成為跨海戀情的預示。陳憶芬教授發現，距離往往成為他們愛情的殺手。「通常陸生、台生戀愛『還沒分手的』，都是台灣男方打算去大陸發展。」

在談及未來打算時，話題多少顯得有些沉重，「作為一對彼此有真心付出過的情侶來說，多少會談到一些一起的未來。」賈銘說。面對兩岸並不明朗的未來，他們青春的臉上，或多或少都會蒙上一層陰影。

他們彼此間大多約好「不談未來，順其自然，認真用心，過好今天」，而情到深處，大陸男生們說定要帶著他們的台灣新娘回家，台灣男生們也願意為了女友，奔赴他們印象中的陌生國度開疆闢土。

在這四對中，只有一對目前還沒把戀愛的訊息告訴父母，其他均已告知。但家長們的態度也成了他們要面對的一個「坎」。台灣家長大多並不干涉，甚至支持他們的戀情。而從小被父母視為掌上明珠的大陸獨生女們，似乎面對的考驗更深。

在交往半年後，雨欣試探性地告訴了父親，她的戀愛動向，沒想到Q Q那頭的父親，沉默良久，「對不起，我的心裡有點亂……」雨欣彷彿看到父親黯然的神情，心裡一陣針扎似的難受。

在臉書上，另一位淡江大學的浙江姑娘貼出父母「同仇敵愾」式的宣言，「要與我們多溝通，以後誰把你領走了，我們不瞭解對方，那我們是不會同意的。」朋友都覺得啞然，同時也為他們的感情捏把汗。

不久前，雨欣傳給藺桃一份在人人網上被點擊上萬次的轉帖，帖名叫《台北愛情故事》。「學姊，好像只有最後一對充滿希望，其他似乎都是未知。」這個十九歲的上海姑娘，若無其事地說。此時，她已經準備好，不管怎麼樣，暑假要帶男朋友回她生長的城市看一看。

在《台北愛情故事》的結尾，有這樣一段話：

「並不是每一個人有這樣的勇氣——從一開始就知道隔著海峽，隔著看不見摸不著的意識形態、文化背景、條文條例——想見面，想最終走到一起，比任何地方都難。」

但最難的事情，他們已經走過，那就是相愛。這種緣分，並不只是七十億分之一的隨機概率那麼簡單。在人為分隔了六十多年的兩岸土地上，相識相戀，是驚人的緣分所促成的。

而這種緣分的維持，需要年輕情侶強大的勇氣與心理素質。因為，如我們在下一章所見，台灣人對大陸人的「指認」與「畫界」，大陸人對台灣人的「指認」與「畫界」，為不簡單的緣分，增添了極其不簡單的障礙……

07

劃地，

但不自限

07

劃地，但不自限

當大陸學生負笈台灣，從坐上飛機開始，許多人立時嗅到傳說中濃濃的人情味。然而，一踏上台灣的土地，卻劈面襲上一連串光怪陸離的提問。陸生萬分納悶，大陸已經走過大躍進的時代，何以台灣人對大陸的認識，卻一點也沒有躍進？

我們所認識的第一屆陸生們，很多人曾被台灣同學問過這些匪夷所思的問題：

「中國的廁所是不是沒有門？」

「你們一出生就能分到田地嗎？」

「中國有沒有超過十層的高樓？」

「你們出門都騎腳踏車嗎？」

「中國的街上是不是有很多人騎馬？」

「你們是不是一夫一妻制？」

「很多同學都認為，我們從小接受馬列教育，思想都是政治化的，居然還有人認為我喜歡毛澤東。」

「同學問我：『大陸有捷運嗎？』我回答：『我們沒有捷運，有地鐵。』他馬上轉身跟另一個人說：『你看吧，我就說大陸沒有捷運嘛！』」

「我說『北京是我們首都』，他說『北京在哪裡』，我說『北京在很上面』，他說『北京不是在台灣隔壁嗎』，我說『那個是福建』。」

當台灣學生遇到來自對岸的學生，便下意識地將「你們」、「中國」兩個詞彙掛在嘴邊。陸生想問，卻不見得說得出口的是：「為什麼我們是『你們』？」、「你們不也是中國人嗎？」

社會學學者以「指認」（identification）[1]及「畫界工作」（boundary work）[2]描述族群與族群之間的認同區隔。「指認」問的是人們如何在特定情境中標示出我者與他者的差異；「畫界」則指人們建構彼此階級、國家、族群等界線的行為。[3]

---

1 例如，Rogers Brubaker and Frederick Cooper, 2000. Beyond Identity. Theory and Society 29: 1-47.

2 例如，Christena Nippert-Eng, 1996. Home and Work: Negotiating Boundaries through Everyday Life. Chicago: University of Chicago Press

3 藍佩嘉、吳伊凡，二〇一一年，在「祖國」與「外國」之間：旅中台生的認同與畫界。《台灣社會學》第二十二期，頁1－57。

台灣學子面對來自印象中「不友善」國家的人，究竟會如何指認跟畫界？而陸生面對記憶裡「血濃於水」的台灣同胞，卻在言語上被一刀切開了你我，又會如何應對？

台灣人的指認與畫界

在陸生眼裡，兩岸一水之隔，香火緜延，總是說不盡的手足之情。台灣的美好，也如先前交換生捎回的音信一般。只是當他們親身走入童話故事裡，額頭卻經常被貼上各式奇異的想像。

指認：文明起落與素質高低

東海大學外文系第一堂課，老師興奮的點著所有新生的名字，還拉高語調嚷著：「你們知道嗎，我們班上會有一個陸生耶！」因此每個單名的學生，都被老師「盤問」一番。點名結束時，卻沒有找出任何一位陸生。

輪到學生上台自我介紹，當李彬揚說出「我來自上海」時，全場一陣驚呼，老師也嘆道：「你看起來一點都不像耶！」李彬揚微笑以對，內心卻嘀咕：「那我應該是什麼樣子才比較像一個大陸人？」

同樣的，葉孟元來自福州，雖地處閩北，但口音也與台灣相去不遠。同學知道他的身分後紛紛表示：「你根本就不是大陸人。」但葉孟元怎麼也猜不透，究竟台灣人眼中的大陸人，是什麼樣的儀表及言行呢？

自幼生長於廈門的劉莫同，講著一口流利的閩南語。一回他在高雄乘著「愛之船」肆意漂蕩，清風微微撩撥，直欲墜入愛河。同船的阿姨與他隨意聊起來，講起高雄的觀光景點，卻嘆道：「其實我平常不會來坐愛之船的啦，以前都是外地人，現在都是陸客。」言語中隱含對陸客的輕蔑。末了，那位阿姨親切地問道：「弟弟，你是哪裡人？」劉莫同直覺地回應「廈門」，那位阿姨大吃一驚，原先沉醉在秋夜愛河裡的劉莫同，也立刻清醒。

除了原住民，台灣其他三大族群包括外省、客家及閩南人，都在不同時間點由中國大陸移民而來，最近一回大舉遷徙來的，已經六十餘年。對垂垂老矣的長者來說，彼端的鄉愁雖稠，但家鄉究竟是什麼樣子，也模模糊糊了。對根著台灣成長的人而言，更來不及拼湊對岸的完整圖案。

因此許多台灣人憑著缺一角的記憶，去印證他們對中國現況的揣測，卻也令剛來到台灣的大陸學生心驚肉跳。台灣人揉合了政治上的中華人民共和國、地理上的中國大陸，以及日常生活的大陸庶民，融成下面的想像：

●素質低劣

一位北部某大學畢業的台灣學生，因為工作之需曾與許多陸生接觸，在其中一次活動中，目睹多位陸生站在一排垃圾桶前發愣，接連幾句「看不懂」之後，就一股腦把所有餐具、廚餘扔進同個桶子裡，然後擦擦手離開。因此他這麼認定：「台灣學生跟大陸學生的素質還是有差。」

●沒公德心

我們的一位政大朋友在臉書上詢問好友：「如果你有機會問大陸年輕人三個問題，你會想問什麼？」結果蒐集到的問題是「我想問大陸年輕人，有沒有考慮提升一下文化素養，不要再隨地吐痰跟大小便了。」同樣的，另一位曾在美國餐廳工作的學生也回憶，從中國來的顧客習慣高聲交談，於是整間餐廳喧騰著毫無節制的中文，彷彿無視他人的存在。

●窮酸困蹇

米麗曼曾擔任一場辯論會的裁判，其中一方忽然論及「大陸人都很窮」，語畢才想起現場有來自大陸的學生，而且還是裁判，趕緊向米麗曼連連道歉。米麗曼一派輕鬆地回道：「沒事、沒事！」心下卻暗想：「大陸發展這麼快，的確有人窮，但怎麼可能所有人都窮啊！」

除此之外，一位從上海交換到中興大學的陸生，某次前往雲林的茶廠擔任志工，當地的農民阿伯聽她口音，便嚷著要介紹弟弟給她認識，力邀她作「大陸新娘」。阿伯說：「你們大陸比較落後，來台灣的話，什麼都好，而且我們家有房有車。」她聽著不是滋味，只能忙著推託敷衍。

●流行遲滯

西班牙知名服飾品牌ZARA前些日子在台北忠孝東路開設第一家店面時，媒體敲鑼打鼓大加報導，宛若台灣的一樁盛事。一位台灣學生前往大陸旅遊前問劉莫同道：「大陸有沒有ZARA？」又馬上自顧自的說道：「喔，可能香港會有啦。」劉莫同無奈地回應：「ZARA在北京已經開得遍地都是了，不是我在講，兩三年前就開完了。」

談及兩岸當紅的藝人，劉莫同的同學笑稱台灣男子偶像團體「5566」在大陸煞是火熱。劉莫同趕緊解釋那已是他中學時代的事了，如今早成過眼雲煙。然而，台灣同學似乎不知5566已經解散多時，仍然堅持大陸現在的中、小學生還為5566癡迷。

●文化低落

建國科大的交換生劉峰在「家具設計」課堂上簡報時，每張投影片都以圖片呈現，只有最後一張出現兩個字：「謝謝」。不過因為部首的「言」打成簡體的「讠」，竟當眾被老師奚落：「我還以為你們大陸生都進化了，開始寫繁體字。我覺得繁體還是漂亮些。」在場的陸生頓時被貼上「醜陋」、「未進化」的標籤。不一會兒老師果然察覺台下閃爍著不悅的眼神，這才趕緊自圓其說：「我並不是歧視大陸的學生，其實都還好啦！」[4]

---

4 劉峰，〈繁體字比較漂亮〉，二〇一二年三月二十七日，《旺報》「大陸人看台灣」專欄。

●好高談闊論

許多台灣老師心裡總有個印象：陸生勤奮好學，因此常常點名大陸學生回答問題，一則增加課堂互動，二則是在問及「各位同學有沒有問題？」後打破沉寂的尷尬。研究所課堂人數少，在一問一答之間，很容易形成老師與陸生的單獨對話。一位在台北讀碩士的陸生感受到同學課後活潑、課上沉悶的反差，不禁好奇地詢問：「你們怎麼上課時都不討論呢？」不料同學竟然回應：「我們台灣人才不那樣愛講話咧！」

●鐵幕之下

由於共產國家的印象太過鮮明，大陸學生在台灣人的印象裡總是「坐困愁城」，來到台灣則是「投奔自由」。台灣同學往往帶著同情的語氣問道：「你們是不是人人都讀毛語錄？」或者，「你們在家裡面喊一句『濤哥』，第二天就會被抓起來吧？」聽慣這些奇哉怪也的問題，劉莫同備感無奈，只能解釋道：「不會的、不會的，不要這樣想。」吳梓杰也感嘆：「在大陸說錯話是不是會消失，這對我們現在來講，已經是很可笑的問題。」

另一方面，靜宜大學一位老師在課堂上向同學繪聲繪影地描述大陸人民不能自由信仰宗教，說得酣暢之際，突然問起班上有沒有大陸學生。幾位陸生舉了手，老師指著他們說道：「你們可以幫我作證！」雖然陸生們極力反駁，但老師仍然堅持己見。其中一位陸生終於忍無可忍，反唇相譏道：「你講完沒？講完我要走了！」說著憤而離開教室。

●冷血殘酷

「為什麼中國的孩子總是等不到聖誕老人？因為聖誕老人跌倒了，沒有人去扶他。」中國大陸流傳著這麼一個笑話，形容人們的冷漠無情。廣東佛山女童小悅悅被車輛輾過卻無人搭救之事，也成為台灣人激情討論的話題。董心成曾聽聞一群人高聲訾議大陸人「道德淪喪」，末了甚至不留餘地的總結道：「這就是所謂的大陸人！」初抵台灣，董心成原本熾熱的心，頓時被澆了一盆冷水。

另外，余澤霖也看過一則報導：「新北市一名暴走媽，因五歲兒子弄丟悠遊卡，竟在車站內當眾狂摑小孩巴掌出氣，還將小孩當沙包般踢來踹去。」在他胸中滿溢憐憫之情時，馬上看到新聞末了刻意標出那位媽媽「原籍中國四川」。其後這個事件也引來台灣網友的批判，例如「原來是大陸人啊，這就難怪了！打罵小孩對她們來說算是正當管教啦！」

這些不勝枚舉的例子，讓陸生哭笑不得，他們也才驚覺，原來大陸人在嘲笑北韓的同時，台灣人也是這樣看待他們的。

畫界：國族之別與統獨之辯

英國社會學家霍爾（Stuart Hall）認為，認同是透過「差異化」塑造出來的，分辨我群最簡單的方法，就是「排除他者」。換言之，人們要定位「我是誰」，必須先辨識「我不是誰」[5]。

顯然，族群認同不是天生命定的，而是在政治、社會、經濟等外在環境中，人為的一點一滴建構起來的。人們一面建構自己，也建構別人的意象，最後才能肯定自己的身分。

自從台灣開放大陸探親，大陸開放台灣經商及留學後，雙方在政治層

[5] Stuart Hall, 1996. Introduction: Who Needs 'Identity'? in Questions of Cultural Identity, edited by Stuart Hall and Paul de Gay, P.1-17. London: Sage.

面下的互動已火熱地降不下溫度。

二○○○年後，西進大陸成為台灣內部最激烈的意識形態爭論，中國人／台灣人的國族認同也在這段時間起了極大的變化。根據政治大學選舉研究中心的調查，到二○一二年六月，自認是台灣人的比例已上升到百分之五十三・七，自認是中國人的下降到百分之三・一，既是台灣人也是中國人的，也逐步降為百分之三十九・六。（如下圖）

台灣民眾台灣人／中國人認同趨勢分佈 （1992～2012.06）

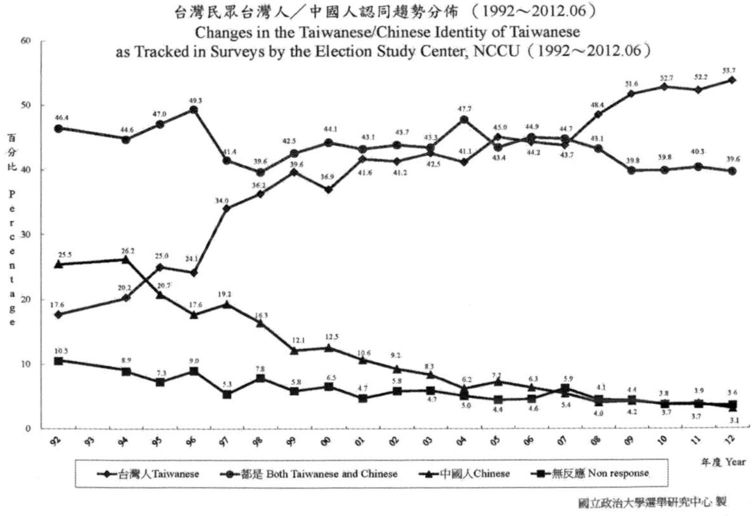

資料來源：國立政治大學選舉研究中心重要政治態度分佈趨勢圖（2012）

有趣的是，被視為傾向中國的馬政府在二〇〇八年上台後，確實大力推動兩岸之間更廣泛的接觸，包括開放大陸遊客、更多的大陸交換生以及簽訂ECFA。但從上圖來看，自認是「台灣人」與「既是台灣人也是中國人」的比例竟在二〇〇八年後突然大幅拉開差距，而且絲毫沒有止歇的趨勢。

一位在二〇一一年單車環台的大陸交換生便感嘆，把台灣繞了一圈後，雖然感動於寶島的山水人文，但也很惶恐、很失落，那種感覺好像「青梅竹馬分隔多年以後，拿著信物相見，才發現物是人非。」

兩岸人民雖然表面上的互動愈來愈多，但心裡的距離，是不是愈來愈遠了呢？

二〇一二年三月，「海峽尋新台北論壇」舉辦一系列兩岸議題的講座，場場座無虛席，只是聽眾泰半是大陸學生。其中一場名為「二〇一二兩岸政治局勢新展望」的座談，引起參與者的激辯。一名陸生態度堅毅地力主兩岸歷史傳統水土同源，台灣理當繼承中國大陸的文化，論述洋洋灑灑、氣勢恢弘。此時台大國家發展所教授陳明通不甘示弱，回敬：「為什麼你要台灣人繼承中國文化，而不是你來繼承台灣的傳統文化呢？」接著從語言的分歧力倡兩岸既無統屬，亦不曾結褵，當場更以河洛話吟唱一曲蘇東坡的念奴嬌赤壁懷古，風姿颯爽，博得滿堂喝采。

只是大陸人與台灣人對於兩岸關係的爭執，並不是每次都能這樣理性公開的對話，很多時候是以不歡而散作結。

文化大學一堂「台灣史」的課，第一次上課老師就直截了當地拋出一句「台灣自古以來就不屬於中國」。因為早知台下有陸生，這番話「宣示主權」的意味濃厚，而且也立刻見效。幾位陸生發覺苗頭不對，紛紛退選了這堂課，只剩下余澤霖不為所動。「當你第一次深植的觀念被挑戰時，很多人不能接受，我那時反而想聽聽他怎麼講。」余澤霖就這麼撐了下來，滿心「期待」老師後續能使出什麼花樣。不久，余澤霖就聽聞那位老師私下跟自己的班導咕噥道：「那個陸生就是不走怎麼辦……」

期中考考卷發下時，第一道題目就像針一樣刺入眼睛，題目是：「試從中國的史料中找出證據，證明台灣自古不屬於中國的一部分。」一題就占了二十五分。余澤霖大驚失色，沒料到老師出此「狠招」。他定了定神，先寫餘下三題，只是一個半小時過去後，對於第一題依舊思緒空白，畢竟沉澱了十八年的記憶，總不可能在兩個月裡就抹去；而要違背自我、言不由衷，更是強迫自己人格分裂。

鐘聲重重一響，敲醒心亂如麻的余澤霖。最後這一題，余澤霖選擇了空白。

對一些授課老師來說，趁著陸生來台，正是利用教材進行「反洗腦」的絕佳良機。有些老師上課岔題談及兩岸關係時，會習慣說：「請大陸的同學發表一下看法！」就讀北部某所醫事類大學的陸生指出自己時常要應付老師的好奇甚至挑釁之心。另一方面，雖然老師已把余澤霖空去的分數加了一些回來，但經此風波後，余澤霖也對同學說：「以後一切帶有顏色的台灣學者的課，請不要暴露我的身份……這樣我也不至於被掃射。」

日常生活中，這種界線也仍然存在。

來自廣州的張一童自小到大都是籃球校隊，來到台灣後，這股赤誠的籃球夢並沒有熄滅，一入學便毫不考慮地投身系隊。然而，張一童比較兩岸訓練方式及打球風格的差異，「他們打球很客氣，注重平衡，玩的是純技術。大陸人習慣ＮＢＡ的打法，有比較多的身體對抗。他們就會覺得你很髒！」

幾個回合下來，台生和陸生差點在球場上打起來。張一童幾次帶球過人後，對方換上一位個子高大的球員，從身後把張一童撞倒，「故意的！」他說。

張一童說自己的經歷並非個例，曾有另一位大陸交換生在水球比賽時與台灣學生起了爭執，對方在盛怒下以台語辱罵：「把大陸人趕回去！」

而後在新生杯籃球賽上，張一童以主力之姿帶領系隊殺進全校前八強，在此之前，該系最好的成績是第二十名。因為這樣出色的表現，學務長特意邀他加入校隊，備戰接下來的全國聯賽。然而，張一童回絕了，「聽馬來西亞來的同學說，校隊更排外，幹嘛自討沒趣。」

除了族群認同以外，統獨問題也像一串死結，不僅在台灣內部造成情侶分手、朋友決裂的悲劇，也橫亙在陸生和某些台灣人之間，一不小心踩到就會被絆倒。

徐明義拉著笨重的行李箱走在鄉間小道上，一部機車緩緩逼近，徐明義一轉頭，看見機車上的阿伯對著他微笑。原來阿伯見他一個小伙子在空無人煙之處踽踽獨行，一來關心，二來好奇，便趨前與他攀談。幾句話過去，阿伯馬上認出徐明義的大陸身分，態度突然嚴肅起來。「如果兩岸統一的話，會怎樣？」阿伯劈頭就問。徐明義心頭一凜，強作鎮靜地說：「沒差呀！」見對方沒有太大反應，徐明義繼續闡述鄧小平提出的一國兩制精神。

話一出口，阿伯臉色驟變，大聲痛斥港澳特區只是做給台灣看的樣板，一旦兩岸統一，解放軍就長驅直入了。徐明義微微顫了一下，心中暗暗擔心能否安全抵達學校。

董心成初抵台灣時，人人均稱他「中國來的」，當下總令他不大舒服，因為自小養成的意識就是「不管怎麼樣，台灣都是中國的一部份」，這個根深蒂固的想法緊緊跟著他來到備受質疑的異域。然而，一旦觸動兩岸最敏感的神經，勢必免不了唇槍舌戰，最後就是以不歡而散收場。

原本兩相隔絕的族群開始接觸時，總會習慣性地畫界，不過大陸學生會將自己與台灣畫在一起，台灣學生則傾向把大陸學生畫出去。於是畫界與畫界之間，就形成無可避免的認知衝突。

幾年前，劉莫同從廈門趕赴重慶就學，大學新鮮人的身分讓他嚐到全新鮮的內陸生活。但一進重慶，就像投入一個大火爐般，周圍的山勢把燥熱鎖在盆地裡，蒸溽裡頭每一隻螞蟻。這位重慶的異鄉人熬了一年半載，才慢慢體認自己是重慶的一份子。相反的，台灣一直是他魂牽夢縈的地方，那似曾熟識的景致，就連「賓至如歸」的形容也不到味，因為絲毫不覺得自己是「外賓」。然而，當他驕傲地說起「我們台灣」時，立刻就被同學打斷：「喂喂喂，誰跟你『我們台灣』啊！」

在不同族群的互動中，強勢一方可能會刻意突顯弱勢一方的身分，接著再加以區隔。利用這種「貼標籤」策略來畫界的人們，雖然說不出「我到底是誰」，但至少會用力地訴說「他們不是我」。

這種「指認」與「畫界」方法可以降低分析資訊的成本，快速形成經驗印象。但行為經濟學者發現，先入為主的印象蒙蔽人們的觀點，扭曲對世界的體驗。也很難正確處理新的現象，因而常常做出錯誤的投資決策。[6]也

---

6 杜克（Duke）大學經濟學教授艾瑞利（Dan Ariely）在長踞《紐約時報》、《華爾街日報》暢銷排行榜的著作《誰說人是理性的！》（Predictably Irrational）書中，生動地講述這類實驗。華盛頓州立大學財金系納夫辛格（John R. Nofsinger）也在《投資心理學》（Psychology of

許，個人投資賠點小錢無傷大雅，然而在生活層面，首屆來台的陸生們卻成了首當其衝的受害者，被迫以各種方式回應這些沈重的偏見。

陸生回應台灣人的「畫界」

台灣在許多大陸人的想像裡，好比一座桃源境地；但真正踏上這塊土地，竟有些水土不服，因為總摸不清台灣人究竟如何看待自己。這種感覺好像臉上有一顆飯粒，路人都在指指點點，卻不敢直接上前告訴你。陸生們，用盡各種方法，試圖摘除這顆「飯粒」。

辯護

台灣從開放大陸交換生來台，到現在打開學位生的大門，人們慢慢意識到生活中可能隨時聽見捲舌的口音。街頭搭訕的不說，報章雜誌也時常出

Investing）書中，舉證許多心理偏誤導致投資失敗的研究。

現有關陸生的報導，電視台更酷愛邀請他們進棚錄影。

通常陸生接受訪問時，回答完來台動機後，接著就得用力「闢謠」。他們之中，有些很愛祖國，也有些對祖國很不滿，但無論如何，一旦面對排山倒海而來的誤解，再怎樣都得辯護幾句。

例如迷昏受害者再強摘器官的傳聞，徐明義被問得多了，他辯解道：「這種事情我就承認他有，但是也沒有到處在街上抓了人就摘啊，這個如果說是個別現象，就不能代表我們整體大陸人都很殘忍。」

人民的自由度也是許多台灣人好奇的，吳梓杰跟台灣同學保證，個人說了什麼對官員不雅的話，或者在網路發表對政府不敬的言論，不會有警察找上門。「只要不要搬到檯面上，你說了反政府、反黨的話，只要不出版出來就沒有問題。」吳梓杰解釋，「總的來講，顧慮肯定是有的，但基本上談不上『恐懼』。」

劉莫同也認為，儘管網路長城遮蔽了資訊傳播，但撲滅不了人民獲取新知的好奇心，「我們雖然有限制，可是會用各式各樣的方法取得訊息，比如翻牆啊，像大陸有很多人用臉書的。」當初他打開人人網時，曾被同學笑為山寨版的臉書，不過在牆外享受資訊自由的陸生，都會爭著把牆外的訊息轉貼回牆內。是不是山寨版，似乎已經沒那麼重要。

另一方面，雖然中國、北韓、古巴與伊朗因為嚴苛的資訊管制而被網友封為「新四大文明古國」，但陸生來到台灣反而發現，這裡的網路資訊並未如想像中豐富，「台灣現在年輕人的著眼點，還是比較娛樂化吧，我很少看到有人關心國際的，很少很少。」吳梓杰說道。

而且身處大陸的人們棲身於網路屏風之後，其實相當敢言，上評廟堂之失，下憂民生之苦。隨便翻閱任何一個大陸的網路論壇，都可以看見各種對政府嬉笑怒罵的言論，例如「馬克思說『法律是統治階級意志的體現』，現在中國的統治階級就是官僚集團，所以你的意志就是個屁，因為你是個『屁民』；官老爺的屁，就是法律，因為他們是統治階級。」

大陸網友利用web 2.0，已如野火燎原般燒遍各政府部門。例如溫州動車（高速火車）追撞事件，政府原有意封鎖新聞，但網友透過微博突破重圍、散發資訊，逼使官方不得不正視輿論，最終才以懲處鐵道部官員作結。

香港作家廖偉棠也舉例，社會發生一件冤案時，「大家會去分析，頭髮啊、輪胎的位置等，會變成微博大破案。因為不相信官方調查，公民自行組織調查，去質疑疑案。而且不只關心一個人的死亡，還有農村土地買賣、被強徵等等。」[7]另如中國社會科學院教授于建嶸在網路上發起解救乞丐兒童的運動，許多人若在路上看見疑似被拐來作乞丐的小孩，就會拍照發到微博上，集眾人之力解救深陷水火的孩童。

「圍觀也是一種行動，圍觀改變中國」。因為欠缺安全感，或許下一個就落到你身上，所以人們對最新發展的事件保持高度關注。廖偉棠把網路世界形容為中國人愛講的「江湖」，「有江湖的地方就有『聚義』，一群人聚在一起去完成一件義舉，另一群人被一件義舉感召後又聚在一起。」

長期受到民主符號薰陶的台灣人，已經把民主與不民主、資本主義與社會主義一刀切開。民主與資本主義是高尚流行的代名詞，不民主及社會主義則是野蠻落後的象徵。不過這樣的區分，似乎有些不公平，也影響了陸

7 廖偉棠在「二〇一二海峽尋新台北論壇」第五場座談會〈聲音，就在那裡——兩岸公民與社會力量〉的發言。二〇一二年三月十六日，台北。

生對自己國族的認同。對於公民覺知正在萌發的陸生而言，他們有些夾在中間。

有些到大陸求學的台灣學生指出，「再怎麼藍的人，去了大陸都會開始出現綠光。」也有些本來不會說台語的，到了大陸後為了與當地人區隔，就開始學習。

同樣的，陸生面對台灣學生的畫界工作時，也會回過頭來認同自己的國家。例如有些陸生原本對中國共產黨極端厭惡，到了台灣之後，「反而更能理解共產黨」。甚至有位交換生打算回去就加入中國共產黨，而這是他過去二十多年來都在抵制的事情，「瞭解台灣政治後，我覺得共產黨還是有希望的。」他說的「有希望」，是指如果能成功在共產黨內推動民主化。

無論他們的想法是否成熟，說起中國，總是懷著更錯綜複雜的感情。

隔離

二〇一二年三月初，淡江大學的人潮匯聚在「黑天鵝展示廳」裡，來自馬來西亞、香港、澳門、印尼、美國、非洲、大陸的學生，寒假回鄉帶了土產回來，在為期四天的「境外生國家文物展」展示。為了這個活動，陸生、港澳生、僑生及國際生已密集開會籌劃許久，長期的合作及互動，讓他們生出與台灣學生不同的情誼。「境外生」三個字，對他們具有更濃烈的歸屬感。

不獨淡江大學，很多學校都出現類似的分化與結合。弘光科技大學的陸生入學時，為他們接風洗塵的學生團體不是系學會，而是由馬來西亞、聖文森、澳門等地學生組成的「國際學生社」。輔仁大學的陸生與僑生合併參加迎新宿營，並與僑生聯誼會一起舉辦攝影展。銘傳大學的陸生也和僑生籌畫「僑陸生文化週」，以及參加學校「僑陸組」帶領的台中及日月潭兩日遊。

台灣人的無盡熱情，總讓來自大陸的人們備感親切；台灣人的客氣有加，也常令陸生萬分承受不起。但時間久了，卻會陷入難以突破的瓶頸中，他們對陸生再好，卻總是透露出一分客氣，再多的交談往來，也老隔著一段距離。陸生已隱約感覺，愈客氣，就表示愈不熟。

靜宜大學一位陸生甚至用「假」來形容台灣同學，「就是客氣裡面帶著一絲尊敬，並不是那種把你當朋友。」米麗曼一開始也被台灣人的熱情給嚇著，日久卻發現似乎不是那麼一回事，「說不上來是表面熱情還是……就是很難打得很熟……在大陸是打熟了以後，跟你上刀山跳海都ＯＫ，就是掏心掏肺。這邊就是很奇怪，很熱情，大家一起聊天也很開心，但是感覺只到了一半，到下一半的時候就很困難。」

原本在大陸屬於好友間直來直往的互動方式，到台灣卻容易惹得人家不愉快，蘭青說：「就是開玩笑你還要轉一下，不能開過火了。」她親暱的勾著陸生同學的手臂，笑道：「和他們就沒辦法像我們這樣。」由於難以融入台灣學生的圈子，「我們幾個陸生的感情愈變愈好。」

招生人數多的學校，陸生便自個兒混在一起，人數少的，只好各自往夾縫裡鑽。例如朝陽科技大學僅有三位陸生，因為校地窄小且地處偏遠，每逢連續假期，校園就成為空城，「餐廳沒有營業，便利商店晚開，走出學校不知道要去哪，公車又誤點一個小時。」張豐南帶著傷悲的語氣說著。

陸生如果無法順利融入台灣學生中，往往頓失高中時期同儕朝夕相處的情感，便渴望從其他地方獲得歸屬。因此，全台各校的陸生曾經聯合起來討論是否成立陸生聯誼總會。一位中原大學的陸生說：「你們知道什麼是中壢嗎？你們在台北，有問題可以向官員反應，那我們怎麼辦，只有幾個人的陸生怎麼辦？」頓了一頓，語帶哽咽地說：「為什麼我們會聯合在一起？就算不是聯合總會，就做一個陸生之家也好啊！我們需要一個家，需要一個家長，我們可以問他發生了什麼事，問他這件事該怎麼解決！」

而當陸生與外籍生凝聚成自己的園地時，甚至會反過來拒斥本地人的「入侵」，弘光科技大學的國際學生社就不允許台灣人加入社團，「組長說不行，因為社團是專門為外籍生開的，但其實我們社員也不想讓台灣人進來，因為我覺得我們開的那些活動，不怎麼適合他們，我們外籍生的性格比較像。」但偶有例外，唯一允許入社的台灣人，是被認為也和主流群體調性不同的原住民，金韞昊指出，「我們覺得原住民在弘光也是很小的群體，我們希望可以團結一起。」

撕標籤

許多陸生害怕成為十三億人的代表，面對台灣人口中「大陸人」或「中國人」的稱呼，他們往往避之唯恐不及，總要強調：「我只代表我自己。」

當全台各校的陸生代表齊聚台北，商討成立陸生總會時，就為了「總體能不能代表個體」而糾結不清。他們期望匯聚目前遇到的問題及困擾，集合群體力量向外界發聲。余澤霖作為會議的發起人，堅定地說：「若有個組織當靠山，我們可以有個底氣。」

但馬上就有人質疑：「我們的想法能不能代表其他陸生的想法？」

一位陸生認為應從個別學校的會長選舉開始，「各校的陸生會，應該先進行合理的選舉，選出一個能代表該校陸生的會長。」

但是問題又來了，會長能不能代表個別的陸生呢？某校只有一位出席會議的陸生，就趕緊申明：「我本次出席僅代表我個人名義，不代表正在籌備中的陸聯會，更不代表本校全體陸生。」他更私下坦承，該校若干人其實不太樂意成立陸生聯誼會，因為不願個人遭到整體代表。

他們，害怕被人代表，[8]也害怕代表別人。

---

8 一位陸生就在臉書上批評：「余澤霖你少說話……你有能力，我可以肯定。但作公開發言，你

同樣的，台灣人也不喜歡被強迫代表。蔡博藝在〈孤島與高牆〉一文中將台灣人的眼界比擬為孤島，「世界明明向你敞開，你卻要別過臉去，自己把自己堵在牆角。」文章得到網友大量轉貼的同時，也激起台灣學生的反擊，例如「我覺得她接觸的台灣人太弱了！恕難認同。」、「基本上她所認識的台灣人是沒有太美好，但我認識的大陸朋友也沒多有理想啊。」、「我也常看到大陸朋友說九〇後的小孩都不知人間疾苦。」

台灣學生的憤慨，正反映出「不要把我類型化」的情緒。只是，台灣人一邊撕下自己的標籤，卻一邊給別人貼上標籤。

「代表」，其實是現代社會不可避免的分工，但人們有接受代表，也有拒絕被代表的權力，一如學生會不代表全校學生的意見；工會不代表所有勞工的意見；共產黨不代表全體無產階級的意見。如果被代表者不滿，自然可以發聲抗拒。

到底有沒有準備好？你的話原樣呈現了嗎？你的觀點準確表達了嗎？務虛！浮躁！我能觀察到的你就是這樣的。余澤霖你少說話！先把個人修養搞上來吧！」不管他對「刀哥」的批評是對是錯，都是陸生害怕「被代表」的明顯例子。

只是，陸生已經對「陸生」這個符號太過恐懼。他們有著尚未被台灣社會接受的自覺及焦慮，如果其他陸生衝得太快、喊了口號、上了媒體、見了官員，不但全體陸生會遭輿論指責「吵不到糖吃」，身邊的台灣同學也可能會閒言閒語。

隱藏

在台灣，路人言談或媒體報導，很容易把不相干的現象歸結到個別陸生身上。這些論調好比一陣亂棒，圍毆著在台灣的九百餘位陸生。他們已成驚弓之鳥，當自己的身分露了餡，只要對方一句平淡的「哦，大陸人」，就像無端吃了一記悶棍，一下子被打成次等人類。

陸生雖然與台灣人有著相似的臉孔，但乍到異鄉，許多人還是會不自覺地提高警戒，把身分掩蓋起來。一位陸生便說：「感覺有些奇怪，不想當動物園裡的動物那種感覺。」

台北科技大學陸生吳風在台灣購買平板電腦的時候，為了避免被騙，一直喬裝本地人，「直到最後，店員說註冊會員要打身分證，就hold不住了。」

無論有意無意，陸生已在將台灣內化。他們背起沉重的行囊，悄悄地遁入台灣社會。來自廣東的許向南有一次和大陸交換生聊天，聊了十多分鐘後才提到自己是陸生，那位交換生驚訝地看著他說：「原來你也是大陸來的，我還以為你是台灣人。」許向南疑惑地問道：「我現在說話真的有台灣音嗎？」

來台不過半年，一位來自北京的陸生發現，與他交談的人若未講明自己的身分，他已分辨不出台灣人或大陸人。只有自己一口京片子，終究隱藏不了。

誰自大？誰自卑？誰既自大又自卑？

台大社會系教授藍佩嘉與吳伊凡在「在祖國與外國之間：旅中台生的認同與畫界」研究中，訪談了六十多位赴大陸求學的台灣學生。有相當部分的受訪者從他們與大陸同學的互動中發覺，大陸人對台灣有一種「既自大又自卑」的態度。

有意思的是，來台就學的大陸學生在私下交流中，也對台灣人有著相同的感覺。細究之下，可以發現這不是誰自大、誰自卑的問題，而是欠缺認識與理解的結果。

劉莫同在學校做了一份報告，調查台灣人對於陸生來台與赴大陸求學的態度。陸生來台部分，大致有百分之八十贊成，而赴大陸求學的意願則低的許多。不願去大陸的理由，有兩個令劉莫同感到弔詭，一個是「距離過於遙遠」，一個是「文化差異過大」。劉莫同說道：「這跟很多來台陸生的理由是完全倒過來的，陸生覺得比較近啊，文化差不多，都是中華文化。」

陸小北是從華北到香港讀書的「內地生」，當時最困擾她的就是語言，這個最基本又最巨大的區別，讓她老覺得自己是局外人，因此赴港之前就預設什麼都要慢慢來、慢慢適應。後來她決定來台交換，本來以為在台灣溝通無礙，融入肯定不成問題，「但待了一、兩個月以後，才慢慢發現原來我們跟台灣人如此不同，真的可以說是『最熟悉的陌生人』。」

「最熟悉的陌生人」這個詞後來上了平面媒體報導，有多位台灣學生不認同。一位台灣學生說：「這樣的詞彙，顯示陸生在某個程度上可能覺得我們都是中國人，同樣的中國文化，只是因為長時間分屬兩地，而造成現在的陌生。但不可否認，現在的台灣人，可能多數都覺得我們其實是兩個國家的人，或者至少覺得我們本來就是不同的。」擁有不少兩岸四地朋友的受訪者解釋，香港、澳門人「多數不會覺得跟台灣有一種熟悉與陌生的曖昧感，但這樣的情愫在陸生身上，就會相對明顯許多。」

陸小北結交了不少關注弱勢群體的台灣朋友，他們「對移工、原住民、弱勢，會認真體會他們的脈絡。」這些朋友會悉心了解每個原住民部落的不同，也會細細認識每個新移民及移工的母國，但對陸生卻失去了這種細膩，「就是什麼都沒差，從哪裡來的都一樣！」陸小北解釋道，「其實在沿海跟內陸城市生活，非常不一樣，但對台灣大部分民眾來講當然沒差，就連香港跟大陸也沒差。」

回顧不同世代記憶中的中國，從早期的萬惡共匪、生啃樹皮、十年浩劫、文攻武嚇，到近期的財大氣粗、國際霸權，它給台灣人的印象從來沒有好過。許多陸生更發現，即便是年輕人，對大陸的想像也有些不切實際，彷彿台灣人學的中國近代史只學到文革就停止了，台灣學子對大陸接下來的改革開放時期只有模模糊糊的記憶。最後受到一九八九年的六四事件重重一擊，便立刻闔上課本，不願再「讀」中國了。

然而，中國近半個世紀來的變化在世界上前所未有，像是存在「時差」一般，不同世代、不同地區的中國有很大的差異。因此，王岸特別解釋台灣人對中國應該是「不了解」，而非「誤解」。不過也有一位陸生露骨地指出，「這些想像有時僅僅是為了滿足台灣人的虛榮心和優越感。」

就讀台大國家發展研究所的王欽某一次與台灣人聊到台灣民主政治，馬上被指責：「你在大陸被洗腦，帶著偏見看問題。」「連大陸的事都管不好，有什麼資格評論台灣的事情。」這種以「評價的資格」來區辨你我的方法，直接在彼此之間劃了一條界線。王欽仔細梳理這種論調的邏輯，「生在『落後地區』的大陸人沒有資格評價那些相對『好』一些的地方，相反，台灣人則可以理直氣壯的批評大陸，因為他們先進。」王欽認為，正是基於這樣的心理，很多台灣人不願意傾聽大陸人的想法，也不正眼瞧一下大陸的現況。[9]

9 王欽，〈先入為主的刻板印象〉，二〇一二年三月二十三日，《旺報》C2版，「大陸人看台灣」專欄。

中國，就像一頭甦醒的獅子，一腳追上小白兔跑過的路程，直接欺進牠身旁。焦慮的兔子，只能努力排拒。不過，排拒的方法有很多種，側身周旋是一種，頭埋沙裡是一種，理解對方是一種，妖魔化敵人也是一種，哪一種方法比較好？相鄰而居的雙方，又會怎樣相處呢？

庶民交流走向和解

一笑泯恩仇

余澤霖初抵台灣時，曾被同學詢問：「你們會不會用飛彈打我們？」余澤霖無奈答道：「飛彈不只對準你們，還對準很多地方。」劉莫同也被問過：「你承認中華民國嗎？」他巧妙比喻道：「有些戀人老愛問對方『你愛不愛我？』但是這個不用說就知道了；你不要問，它自然而然就會存在。」

相處半年後，陸生與台生之間，起了微妙的關係。

余澤霖的同學不再叫他「赤匪」，而是開口閉口「刀哥」的呼喚，彼此毫無芥蒂。金韞昊的台灣同學故意捲著舌頭說：「俺是四川的呀！」金韞昊還會拍手叫絕。

為了效忠哪一面國旗，蘭青從小與班上的台灣同學爭吵到大，但是大學之後回想起來，好像也沒有加深彼此的隔閡，反而「融入得很好，而且像我申請靜宜要寫推薦信，我也從他們身上學到一些東西。」

陳爽雖然被叮囑不要談論政治，但在台灣一年，她發現不談政治是很困難的。不過當課堂討論涉及政治話題時，仍然非常和平的進行。

陸小北加入以台灣本土意識為旗幟的社團，與同學一起看帶有族群情仇的《賽德克．巴萊》、挑動威權敏感神經的《牽阮的手》；在課堂上泰然自若地討論統獨認同、仇視中國、歧視陸配的議題，課堂氣氛從未劍拔弩張。

曾經為民族主義、愛國情結驅使的張可，在英國留學期間與眾多中國學生齊聚英國廣播公司（BBC）門口，抗議它對中國鎮壓西藏的偏頗報導。來台之後，他樂於與台灣同學談反威權、民主化，也熱衷關注草根公民抗拒政府的反對運動。一起唱歌的時候，台灣同學高歌台獨建國曲，陸生齊唱中國國歌，想不到台灣同學還開玩笑地說：「你們國歌好好聽，光國歌就打敗我們了！」

有別於各校的「大陸學生聯誼會」，台大成立全台第一個「台陸學生交流會」，社團活動會輪流播放兩岸的紀錄片，也會邀請不同政治立場的人來演講，活動也吸引不少社會人士及外籍學生參加。

有過兩岸三地生活經驗的陸生指出，排外情緒在任何地方都存在，上海、北京、香港，都沒有台灣這麼包容外地人。以往大陸流傳：「愈往南部，對陸生愈不友好。」張可就著這個疑問探詢一位曾經環島的交換生，結果他回答：「居民知道我是陸生，還請我吃香蕉。」余澤霖也提到班上的南部同學更為熱情：「只要你不挑戰他底線，他就不會一來就問你：『認不認同台灣是一個國家。』」甚至鄉間那位阿伯數落完「一國兩制」後，還邀請徐明義到他家作客住上一宿。要不是那天剛好有要事，阿伯也打算載徐明義一遊阿里山。

相對於兩岸檯面上政治人物的隔海放砲，實際面對面接觸的青年學子，早就「也無風雨也無晴」，他們可以互開國族情仇的玩笑，也可以相互交換各自的土產。

陸生來台，讀書之餘，也對台灣生出一種理解的同理心。「因為懂得，所以慈悲」，陸生與台生，在庶民生活中泯除了國仇家恨。

留下一畝地

陸小北來台交換期間，選修了一門有關台灣政治與社會的課程，她與同組夥伴訪問了十餘位同校的學位陸生，發現有相當部分的受訪者，雖然在統獨立場上還是不支持台獨，但是對於台灣自認是一個國家的情感及訴求，已經能夠「理解」，並且站在台灣的角度理性客觀地看待。

在陸小北的訪談中，一位陸生提到過去，「因為教育吧，一直以來我們接受的教育就是如此，像外蒙古獨立，我們很傷心難過，東北那邊也是，如果你們也獨立出去，我們也會傷心難過啊。」不過在與台灣同學及社會接觸後，對於台灣人自認是國家，「以前我真的不能瞭解，現在我慢慢瞭解了。」

還有一位陸生前幾年來台交換期間，已逐漸尊重台灣人的認同：「來台灣之前聽到『台獨』會很刺耳、很反感。現在覺得其實台灣人更包容，大陸對這個問題態度太強硬。」這位陸生還說：「來之前會覺得五年就能統一，現在覺得五十年都搞不定……就像傷了一個人的心，雙方只會更疏遠。」

另一位則是原本就對台獨抱持開放的態度，來台之後又進一步認識台灣社會的想法，「之前就可以理解台獨啊，因為學人類學和社會學的緣故吧，會尊重每個個體各自的歸屬認同……來台灣之後了解更多台灣的歷史脈絡，就會更尊重他們的選擇，他們能說服自己為什麼要求台獨。感情上我還是不喜歡（台獨），畢竟自己過去的生命史無法改變，但理性完全認可。」

一位受訪者甚至理所當然地將台灣視同國家，他的比喻更直接了，「新加坡從馬來西亞獨立，你們會注意嗎？不會嘛……。」

除了陸小北的報告，吳梓杰也有類似的體會。他回憶在台灣的生活，觸動他內心最深處的，不是人情味、不是好山好水、不是小吃美食之類，而是「台灣同學的自稱」以及「對我們陸生的身分定位」。他來台不過三個月，就從日常生活的小細節中體認到「很多台灣人認為自己不是中國人，這並不是台獨，這是政治上的自我認同感。」

「比如台灣同學和老師會問我『出國留學』的感覺，而在我眼裡這根本不是出國。比如同學好奇或者關心大陸的情況時，會直接問『你們國家……』云云；另外，公民素養課堂的老師會以台灣是一個國家主體來講述兩岸關係、東亞格局和國際政治經濟走向等等。」

在與同學接觸久了之後，他也可以理解這種自我認同了。他強調這是來台陸生獨有的體驗，「沒有跟台灣人接觸過的大陸人，如果我跟他們說，台灣人認為自己是台灣人，他們一定是沒辦法認同的。」

另一位陸生引述了導演莊益增的話指出，「有瞭解才有寬恕，因為大家生活場域不同。瞭解不同人的想法，未必需要達到共識，但瞭解本身已經非常了不起。」

因此，陸小北與同學在這份調查報告中下了一個結論：增加陸生與台灣社會的相處機會、接觸程度，會影響他們的統獨態度。

大陸有一個笑話是這麼說的：「世界上有兩個地方最難去，一個是月球，一個是台灣。」在某些陸生眼裡，兩岸是因為戰亂隔絕，才演變為老死不相往來；如今煙硝味退散，理應「共結連理」。不過當他們真正踏上這孤絕海外的小島時，才赫然發現這裡與大陸差異太大，是未經文革的桃源淨地。

章程說：「這些來台灣的人，過去在大陸就算接受再多共產黨的訓示，可是一來台灣發現太美好，大陸那一套哪裡還管用？」此時此刻，如果要再將台灣納回中國版圖，或許有些陸生心中也突然不忍了。

留下一畝地，或許是這些被感動的陸生們，心中共同的期望。

青春該有的，一樣也不少

二〇一一年十一月，台灣的金車教育基金會公布一項針對高中及大學生的調查，有近九成受訪者認為全世界的國家中，中國大陸對台灣最不友善。基金會總幹事曾清芸表示，縱使兩岸互動日益頻繁，卻未使青少年世代感受到對岸的友好。但同一時間，張可接受媒體採訪時說，台灣學生的感受應該是來自兩岸政府間的關係，他到台大三個多月，和同學間相處都很好，並未感受到彼此懷有敵意。

在某些台灣人眼中，中國共產黨等同整個中國，於是很容易把統治政權的專制獨裁推論到人民都窮凶惡極。一位陸生強調，「我只是我，我有我自己的邏輯，不要用中共套在我身上！」

其實，第一批來到台灣的大陸學生，既不是來經商，也不是來統戰，更不是想代表哪個人、哪個世代或哪個民族。他們來台灣，有些是為了追求學術品質、有些為了理解台灣產業、有些為了體驗慢活步調、有些為了追逐偶像明星，甚至有些只是看到台灣招生的新聞就過來了。這些理由坦率的可愛。

他們有個性也有群性，一邊追求自主，一邊服膺團體；一方面勇於活出個人特色，一方面牢牢繫於公共秩序。雖然他們出生時間集中在八〇、九〇年代，但亟欲撕下各種「ＸＸ族」的標籤。而且他或她，從來沒有打算把「中國」這個意象的集合體通通打包帶過來。

章程在南京大學的老師便跟他說：「我這一代接受新觀念的已經很少了，何況是上一代的。希望我這一代跟上一代趕緊被送入棺材，年輕人才有機會出頭。」

張可也為陸生辯護道：「陸生都不是鐵板一塊，每個人追求的都不一樣，他們呈現多元的樣貌。」陸小北則以進出部落的經驗，期盼台灣人摘掉陳舊的眼鏡，重新看待這批陸生，她說：「台灣漢人對原住民想像是愛喝酒、吃檳榔、不工作，但你進入部落前要先拋棄這些想像。陸生也是，你對他們要先拋棄原本的想像，你要用真誠來對待。」

台灣人以為大陸的土質較硬，不利生長，但是青春還是會從土裡冒出來、抽出嫩芽，最後開闔為一樹繁茂。學習、研究、旅遊、交友、戀愛，台灣學生該有的生活，他們一樣也不少。不平凡的第一屆陸生，出乎意料的「平凡」。

經過一段時間的相處，才有台灣同學對陸生承認，以前總覺得大陸人很嚴肅、對政治也很敏感，但後來發現，兩岸學生不過就是一介正值青春年華的年輕人，有著共同的愛好和習慣，也對社會黑暗帶有一定的憤恨。兩岸青年，並沒有因為政治隔絕而有太大差別。

新時代的移民精神：兼容並蓄

同化，童話

兩岸三地有著太多的歷史糾葛，對我群、對他群，各有各的表述。香港、澳門、新加坡、馬來西亞、台灣等地的華人，即便身上都帶著一點相同的血液，也各自擁有一套看待自己與中國關係的模式。

陸生初抵台灣感受到的疏離，或許不是落花有意、流水無情，也不是台灣人虛偽或難相處，而是成長歷程大異其趣的兩個群體，終究難在短時間內冶為一爐。

選擇與自己生活經驗雷同的人走在一起，是人類很自然的社會行為。一如台生與僑生在大學校園多半各走各的；外籍生較多的學校，雖然轉個角就能撞見金髮碧眼或膚色黝黑的同學，但談笑風生的一群人，卻很少同時摻雜著黃、白、黑皮膚。

在資本及人力快速流動的地球村中，人們原本以為國界會漸次模糊，但族群認同是一道會移動的牆，隨著不同人種的遷徙而聳立各地。主流族群往往會基於想像中的差異而拒斥外來者，同樣的，少數族群也會為了凝聚向心力及歸屬感而刻意保持自我族群的認同感。因此有些社會學者[10]認為，「同化」早就成為遙遙遠遠的「童話」。顯然，「去疆界化」（de-territorialization）的現象不會在全球化的浪潮中強勢出現。「再疆界化」（re-territorialization）將是族群互動過程中必然出現的現象。[11]

英雄，不再來自征服

「We are what we remember」，中研院史語所研究員王明珂指出，族群認同由歷史記憶塑造，哪些記憶會浮現、哪些會被遺忘，都是政治動員的結果。只是，「如果我們只記得英雄祖先的故事，接下來就會有征服者與被征

10 例如，Roger Waldinger and David Fitzgerald (2004). Transnationalism in Question. American Journal of Sociology 109: 1177-1195.

11 藍佩嘉，二〇〇八，《跨國灰姑娘：當東南亞幫傭遇上台灣新富家庭》。台北，行人出版。

服者的後代。」他深刻地說道。[12]

王明珂以羌族起源的傳說為例，最早有三個兄弟分居於青藏高原東緣的三個寨子，沒有先來後到之別，羌族人就以這三兄弟的後代自居。直至現代，他們仍信守這個起源故事，其中沒有征服者，也沒有被征服者。他們的歷史，顯得黯淡。

相較之下，黃帝大敗蚩尤，三皇五帝的傳說悠遠輝煌；漢武大帝威震四方，後代所以自稱漢族；大唐盛世萬邦來貢，子孫因而以唐人自居。這些征服者成就了大一統的和諧之美，皆被後世奉為英雄祖先。

然而國與族的分別，給人類帶來太多衝突跟災難。

古時中原區分了戎狄蠻夷，所以建築長城，城內與城外充塞無數斬刈殺伐的悲劇。十七世紀，台灣有漢番之別，所以樹立「人止關」，悍然劃設文明與野蠻的界線。二十世紀中，兩岸有中華正朔之爭，所以對著海峽，矗立互稱匪邦的國共政權。二十世紀末，台灣有愛台賣台之辯，所以隔著濁水

12 參王明珂，二〇〇六，《英雄祖先與弟兄民族：植基文本的歷史情境》。台北：允晨文化。

溪，渲染出藍綠對峙的政黨色彩。

到了二十一世紀初，台灣來了一批跨海求學的陸生。他們，似乎成為最新一批等待征服的族群。

大地本在同一顆太陽的照耀下而燦爛，後來卻因為各種私慾而裂解成不同的國度。如果彼此的群體意識又過於強烈，唯有記得我是哪個家庭、哪個民族、哪個黨派，或者哪個國家，就會忘了：我是人類。

因此中研院院士許倬雲嘆道，「國也罷，族也罷，姓也罷，都是空的，經常變化。哪個國的疆域沒有變過？哪個族是永遠這麼大的？哪個姓沒有中間變化而來？哪個地方是永遠同一個地名？哪個村是永遠同一批人？」他認為，只有全人類跟個人，才是真實不虛。[13]

早期台灣是移民者的天堂，島上的人，都是從板蕩時代倖存下來的遺民。當初因為窮蹇，所以篳路藍縷；因為多舛，所以相互扶持；因為漂泊，所以相對平等。是故，移民社會的後代，當有更開闊的心胸接待來自四面八

13 許倬雲口述／李懷宇撰寫，二〇一〇，《許倬雲談話錄》，廣西師範大學出版社。

方的旅人。

只不過，認同其實是一種心理歸屬，也是每個人心中的堡壘，不可能也沒必要完全抹除。畫界也不可怕，可怕的是封閉在自己的界線內。尊重彼此的身分、容忍不一致的認同，才是族群交流最寶貴的一課。

美國經濟學家藍思博（Steven Landsburg）也認為，「容忍的私德和多元論的公德，都要求我們接納我們所不同意的事情……容忍使人品德高尚，所以我們應該教導下一代學習容忍；多元是防止專制的保障，所以我們必須要求政府實踐多元主義。」[14]

史學界對於征服者與被征服者的重新省思，也不是要逼迫人們放棄英雄祖先的歷史，而是期待從不同的高度理解「小人物」的故事。就像後世如果只記得當初打開大門的決策者，就會忘了扎扎實實在台灣實踐生命故事的陸生。

---

14 Steven E. Landsburg, 2009. The Big Questions: Tracking the Problems of Philosophy with Ideas from Mathematics, Economics, and Physics. New York: Free Press.

跨海而來的第一屆陸生們，除了在「指認」與「畫界」中學習容忍，也因緣際會見證二〇一二的大選，經歷台灣多元豐富的公民行動。在「學業」、「社團」、「愛情」的大學三大學分之外，台灣像個超大型的活動學堂，默默為陸生們教授寶貴的公民學分。

08 陸生的公民學分

08

陸生的公民學分

一雙雙溫潤厚實的手，牢牢握住每一個失意落魄的靈魂，「我們都加油」、「沒關係」、「不要氣餒」，義工媽媽們站在蔡英文競選總部的門口，紅著眼眶，一一送走黯然離去的身影。雨夜儘管淒涼，但還不致令人瑟縮，因為那短暫緊握的雙手，特別溫暖。

幾個北部大學的陸生與台灣朋友相約，從二〇一二年一月十三日晚上開始跑「選舉行程」，先去了馬英九的選前之夜，隔天再前往蔡英文的開票晚會。本來是想沾染勝選者的狂歡氣氛的，但當初不知從何而來的臆測，竟然押錯寶，誤入一團濃烈的愁緒中。

眾人一出板橋捷運站，喧鬧聲便從三百公尺外傳來，轟隆轟隆，震撼不止。正當十字路口警示燈的紅色小人兀立不動，一旁的年輕女孩倚著男孩的胸膛，相互嬉鬧調戲；女童玩弄手上的氣球，爸媽笑得如花兒初綻。沿街佈滿小吃攤以及各式飾品，每一樣都散發著清新的綠色。若非前方的群眾賣力複誦「凍蒜」、主持人振奮高喊「對不對」，還有「叭叭」的氣笛聲如針尖刺入耳膜，人們還以為來到周末的嘉年華會。

漸漸的，吆喝聲洩漏了些許鬱悶。漸漸的，汽笛變得氣若游絲，像老者掉了假牙，喃喃交代後事。漸漸的，天空哽咽了，按捺不住情緒，狂瀉而出。漸漸的，女孩哭了、男孩哭了、媽媽哭了、爸爸哭了……只有蔡英文，沒哭。

蔡英文站在舞台上，平靜的安慰著滂沱大雨中的支持者，「你可以哭泣，但不要洩氣。你可以悲傷，但是不要放棄……因為明天起來，我們要像過去四年一樣的勇敢，心裡充滿著希望。」此刻，全場淚水淹沒所有電視台的畫面。

夜色熄滅最後一根霓虹，也撫平最後一刻激情。蔡英文的演說戛然而止，燈光關閉，人潮散去。幾位陸生始終躲在牆角，避開攝影機的取景。一個女生還來不及收拾情緒，趕忙在黑暗中擦了擦眼淚。

她不見得為了蔡英文的敗選而難過，只是她從來沒料到，優雅、豁達會是一位失敗者的姿態。不會狼狽不堪、不會倉皇下台、不會被清算拔除，相反的，失敗者還可以大器地約定「下一次再回來」。

那年，他們不管在台親身經歷，還是回鄉隔著螢幕瞎湊熱鬧，終於了解，在台灣，就算失敗，還是能看見希望。

華人社會不一樣的實驗

翻過一九四九年的大江大海，大陸和台灣在共產黨和國民黨這對世紀冤家的主宰下，走向不同的命運。辛亥革命百年之際，陸生來到多年來都處於想像中的「寶島」，不少人與事都似曾相識，但有些體驗則前所未有。

台中一所大學的陸生跟我們說：「在大陸的話，所有的思想都經過那個『姓馬』的閹割，你只能接受這個。」暫時把馬克斯思想卸下的他，帶著滿心期待來到台灣，「我希望能跳出來，重新審視歷史哲學和文化，然後打開一個視野，站在更高的角度看兩岸，看整個世界。」

藺桃也對政治、民主一類的詞彙充滿了好奇，她說：「在大陸，講經濟、講社會、講新聞，通通都無法避開政治。」但她從過去受教的經驗中，還是摸不透政治到底是什麼。於是，她來到台灣，用雙腳來體驗！

恰巧，台灣對陸生打開大門的當下，就遇上總統及立委選舉，陸生一來就陷入沸騰的氣氛中。

一位陸生坐在高雄的街頭，天氣冷颼颼的，讓人直打哆嗦。突然間一位女性候選人走來，臉上堆滿笑靨，先是深深彎腰，繼而伸出雙手，平視坐在椅子上的陸生。對於這樣突如其來之舉，那位陸生驚道：「我有一瞬間呆滯，馬上想到讓人一直保持這個姿勢很不禮貌，糊里糊塗我手就伸出去了。」他回味，「如果我有票，衝著這個動作，我會給她！」

湯思斯被台灣同學找去參加藍營的造勢遊行，幾萬人就浩浩蕩蕩走在鬧區的馬路上。有青年男女在臉上彩繪國旗，有壯年人士扯開嗓門高呼口號，也有老伴牽著褶皺的雙手散步在以前約會的街上，被繩子拴著的小狗則包著競選旗幟往前邁進。有陸生甚至為了親炙候選人的風采，透過熟識記者的帶領，跟著馬蔡兩組後候選人的行程好幾天，寫下好幾頁的心得筆記。

選前一天，馬英九的造勢晚會上，幾個陸生頭戴繡著二號的帽子，手拿青天白日的旗幟，混在人群中一起高喊「凍蒜」、「凍蒜」、「凍蒜」。駢肩雜沓中，一位爸爸抱著孩子擠在人潮中，就算透不過氣也要往舞台前進。潘發鑾相機都拿不穩了，還是手忙腳亂地拍下這一幕，「想想，小寶寶被爸爸背著，從小就對民主的氣氛耳濡目染，多讓人感動啊。」另一位陸生被人群推著前進，手卻沒閒下來，不停在人人網上更新現場感受，「我覺得來台灣讀研究所真是來對時候了，真的，這兩天的經歷會讓我終身難忘！」

隔天，他們起了個大早前往學校附近的投開票所，裝作路人的樣子，窺探排隊投票的人們。下午四時過後，他們再度回到投票所，唱票已然開始，牆上一個一個的「正」字計著數，真所謂子曰：「政者，『正』也」。同去的黃重豪問了旁邊的警察能否拍照，警察搔了搔頭，不置可否，但隨後又補上「不可以吧……」一位陸生眉頭一皺，偷偷摸摸舉起iPad拍了張照，作為紀念。只是他一離開投開票所，就發現網上早就流傳一系列同樣的照片了。

接著他們趕往蔡英文競選總部，途中黃重豪盯著窗外好整以暇，陸生則不斷更新網頁上的票數，生怕漏掉任何數字。這一幕，彷彿台灣人吃麵，大陸人喊燙一般。

其實台灣為了選舉忙得不可開交，大陸隔岸觀火，也是沒閒著。三組候選人走過哪條街、握過幾雙手、道了什麼歉、被哪個人「嗆聲」等等，任何風吹草動都在大陸社群網站即時傳開。

抵達綠營總部，外邊的廣場熱鬧滾滾，但室內氣氛凝重，預示著即將到來的悲劇。一位年紀稍長的阿伯再也忍耐不住，用閩南語破口大罵起來。陸生一句也聽不懂，轉頭問：「他說什麼啊？」黃重豪回道：「他說，阿共要打過來了。」指著陸生又道：「他說的就是你們啊。」陸生們噗哧一笑！

蔡英文在千人的擁戴中上台，卻維持一貫的冷靜，向民眾承認失敗。人們在不捨中帶著渾身瘀血悻悻然離去，他們相信，這次失敗，不代表一敗塗地。

這一晚，陸生突然見識到一個小國的氣度，台灣雖在國際夾縫中艱辛生存，卻養成寬闊、坦率以及「何妨吟嘯且徐行」的大器。胡月就以機車形容台灣，「機車會鑽來鑽去，有一股霸氣跟生命力，反而汽車才是弱勢。台灣很像機車，很小，卻很有衝勁！」如果以此對比，大國刻意營造出來的宏偉，反而透露出一種「輸不起」的稚氣。

這些吉光片羽，像早期台灣對大陸空飄的傳單那樣，順著東風飄搖過海，然後落在家家戶戶的門口。一場本來只有一千七百萬選民的競賽，卻吸引了幾億人的駐足圍觀。雖然他們只能在觀眾席揮舞吶喊，或者屏氣凝神地觀注，一顆心卻緊扣著膠著的戰況。

選前一天，一位台灣人對大陸友人說：「明天早上我們要去投票，晚上就知道總統是誰了。」一人陸人則嘻皮笑臉地回應：「你們太落後了，如果我們明天早上投票，今晚就知道誰當選了。」另一位大陸網友看著台灣的競選賽事，嘆息自己像一名太監看春宮圖，興奮，卻無奈。

網路上這種自我解嘲，反應出大陸人多少會把對政治的希望，投注在台灣上。在台灣的陸生，也往往會發現，自己反而是所有同學中，對政治最感興趣的。比如靜宜大學的陸生，從市區順著中港路、中棲路到學校，沿途五花八門的旗幟及看板，總讓他們饒有興致地討論台中海線一帶的紅派、黑派之分。而在總統候選人辯論的時刻，餐廳電視機前通常空無一人，只有陸生會聚集在一起熱烈討論各人的表現。說起大選的日子，陸生甚至記的比台灣學生還要清楚。當開票之夜，黃重豪對著台上手舞足蹈的主持人喃喃

自語：「那是誰？」時，旁邊的陸生友人立刻接話：「莊瑞雄啊，台北市議員。」黃重豪驚呼：「你怎麼那麼清楚？」陸生笑道：「注意久了就知道啦！」

改革開放後的大陸，一躍而為世界上第二大的經濟體。政治轉型的台灣，則轉頭玩起被世界認定「華人玩不起」的民主體制。他們人同種、書同文，國名同為「Republic」，也一起冠上「中華」兩個字，但隔著寬不過兩百公里的台灣海峽，卻走出截然不同的兩條路。

這一條峰迴路轉的民主之路

陸生來台之前，已被打過預防針。早在高中讀思想政治課時，他們就背過課本的「資產階級的民主是假的民主，只有無產階級的人民民主專政才是真正的民主。」來台灣前，陸生多半只能藉由中央電視台的《海峽兩岸》之類節目才能間接瞭解台灣的民主政治。在官方媒體的主流敘述中，台灣民主往往被冠以「亂象」之名，反對黨則被視為「亂源」，甚至有些來自台灣的「名嘴」也會在節目上痛批台灣「藍綠惡鬥、經濟空轉」。在大陸，隨著改革開放，經濟發展已經成為政治的合法性來源，反而台灣的民主被形容為大陸當年的「文革」。

美國政治學者馬寧（Bernard Manin）就把現代的民主政治形容為「觀眾民主」（audience democracy），亦即選民的「觀眾傾向」愈來愈濃厚，參與政治就像觀賞運動賽事那樣，只為了追求刺激與快感。Michael Walzer也把尖銳、對立與衝突視為「民主政治的常態活動」。

陸生帶著以往的觀念來到台灣，對台灣的政治現象產生諸多疑惑。在他們的眼裡，民主可能還會是什麼樣子？

1．多數的愚昧？

在台大「台生陸生交流會」的社團活動中，一位輔大的陸生質疑，選民是否有足夠的睿智選出最好的領導者？萬一人民的選擇是錯誤的，是否將造成集體的悲劇？

近百年來，民主憲政都被視為中國走向國富民強的靈丹妙藥。只是當大陸人民看到海峽對岸民選總統也會貪污腐敗，民主台灣經濟增長的光環也快速褪色，大陸人不免產生疑問。

2・緩慢的建設？

蘭青從廈門登上飛機，一溜煙抵達心目中的繁華世界。只是當她走出台中清泉崗機場後，瞬間傻住了，脫口便說：「這是農村嗎？」周圍的人都轉過來看她，蘭青趕緊又補上一句：「台灣的綠化做的真好！」

靜宜大學離清泉崗機場不遠，都在台中郊區，但蘭青特意繞到市區晃晃，沿途的門牌雖然標示著台中市，但令她萬分詫異，「那一條路上就特別……房子矮矮的、舊舊的。」蘭青含蓄地掩飾心中的不解，「只有逛到新光三越才有稍微緩過來的感覺，要不然真的會嚇到。」

台灣、上海、香港，常被媒體並列比較，因此在陸生眼裡，台灣的大都市理當跟上海一般絢麗。但這種對摩天大樓的期待，像夕陽一樣，很快地掉落地平線。

劉莫同安居在大陸各大城市時，早就習慣搭乘公共運輸系統，但台中不但沒有捷運，公車路線也多所侷限。小時候的他看著台灣警方緝拿白曉燕命案兇手的新聞，「那時候我就覺得很誇張，台灣不大，為什麼兩個人會抓不到？」而現在則略有所悟，「因為交通實在不方便，台灣就是，真要躲起來，要找都很難。」

董心成發覺，再好的政策，要在台灣推行實在困難重重，「比如說現在馬英九提出一個政策，民進黨就罵，很多政策就推行不下去……有一個民進黨跟國民黨互相監督，你也阻礙了政策的效率。」

3・過度的自由？

陳爽每次在大陸收看《海峽兩岸》節目時，總會看到台灣立法委員在意見分歧時動手，甚至朝對方丟水瓶，這在大陸政府部門的會議中是絕對不會出現的。蘭青來台後，像親眼見證傳說一樣，興奮地說道：「超好笑的，立委真的會互罵。」

台北一所大學的陸生夏文娟參與了二〇一二年三月的反瘦肉精遊行，只是走到後來，她發覺訴求愈來愈偏頗，從反瘦肉精變成「陳保基下台」、「陳冲下台」、「馬英九下台」，接著更蔓延成反美情緒。雖然她佩服遊行者的和平行動，卻不大欣賞煽動及不理智的口號。

而在馬英九就職第二任總統前夕，綠營擴大舉辦反對運動，一位從北京中央民族大學交換到文化大學的陸生就感嘆：「人民欺負政府，我覺得欺負得太過了。」他看到馬英九的照片被佈置成遺照，旁邊擺放了兩束白花，另外更有標語「狗雜種做總統，垃圾都不如」。他不自覺地替台灣感到難過，「你總不能污辱人吧，何況還是領導人！」

此外，二〇一二年二二八當日，成大零貳社趁著深夜將校園內的蔣中正銅像潑上紅漆，佈置成殺人兇手的模樣，此舉也被有些陸生形容為「文革的現實版本」。

4・殺紅眼的兩黨？

董心成來台灣還沒三個月，已經厭倦了所謂的民主政治，他說：「你打開電視，每天都是藍營跟綠營在那邊吵啊。我就算不去關注，周圍都是啊，自發就會看到，就覺得好煩喔，吵來吵去。」

在陸生眼裡，製造對立儼然成為選舉政治的主軸，選戰鬥到酣處，還發生了兩次槍擊案，劉莫同就不諱言地說道，「如果說台灣的選舉是大陸民主的教材……有一方面其實也是反面教材，國民黨跟民進黨，你不能一個政治搞得這麼對立，非藍即綠。」

吳梓杰也覺得台灣雖已確立政黨競爭的政治，但看起來就是「相互掐架、相互扯皮、相互攻擊的競爭，很多實質性問題還是會避開。」

陳爽來台之前就被政府叮囑不要在台灣談論政治、主動遠離政治，大選時更不要上街圍觀，「你一說話就聽得出來是外地人，你是外地人的話，有些媒體就會以自己的政治立場斷章取義。」

台灣可能萬般美好，但只要電視鏡頭轉向政治，這裡就是一個紊亂與危險的地方。值此多事之秋，許多陸生家長甚至憂慮，若衍變成動亂而封鎖港口、關閉機場也未可知，於是很多陸生紛紛在期末考後收拾行囊，避開選舉熱潮，迅速返家過年。

小小一個台灣島因為顏色而裂解成兩大板塊，有些人自然會懷疑，要是在大陸實行民主，該會成為什麼樣的亂世？

很多陸生雖然平時對自己的國家有不少牢騷，但在經歷台灣若干亂象後，不免回到「不是我們不想民主，而是民主的話，會有太多事情，因為大陸太大、人口太多，如果每個人都往不同的方向走，發生的問題會很大。」這種想法。因此在許多人眼裡，現狀說不定還是最佳的，尤其邊疆地區的民族衝突，或許不是民主能夠解決的。

縱使大陸的經濟已拔地而起，陸生也都來自沿海六個富裕省市，不過談起民主，有人會說：「吃不飽、穿不暖，你根本不會想到民主，人的精神境界到了一個程度後，才開始想我們的權益。」有陸生擔憂道：「如果大陸也像台灣一樣開放選舉，讓所有人都去選總統，接下來，我會選我家的鄰居，他會選那個明星，選擇就會很亂。」另一位陸生也擔心，「大陸的公民素養還不到那時候。」

人們如果對民主有些恐慌，可能是順著這樣的邏輯推敲的：過度的民主，造成過度的自由，再造成過度的動亂。如同一位輔大陸生在台大台陸學生交流會詢問的，台灣雖然有著令人驕傲的民主，但台灣社會是否過度自由了？人們希望看見陽光，也害怕陽光照出的陰影。是民主的副作用真的太大？還是華人體質對民主仍然有些「抗藥性」？

除了選舉，還可以是什麼？

隔海觀看台灣選戰的大陸網友，曾為了政治人物把「鄉親」掛在嘴邊而感動，因為相較於「同志」或「百姓」的稱呼，那是把人民當作「自己人」般看待。

只不過，民主社會其實不缺「鄉親」，也不缺「選民」，最該擔心缺乏的，是「公民」。

「選民」只是被動參與投票的機器，如果一個人只是選民，就會省略審慎思辨的過程。十八世紀法國思想家盧梭（Jean-Jacques Rousseau）就指證歷歷地說：「英國人自從實行了民主政治，就以為他們是主人。其實他們只有在投票那天當了一天的主人，其他時候都是奴隸。」

二十世紀末，學者開始思考民主政治到底能不能昇華整個社會的公共理性，也就是每個人都能深思熟慮、耐心溝通，而且在最後決策階段能以同理心換取彼此的同意，而不是事事都用數拳頭作決定。

政治學者把這個層次的民主稱為「審議式民主」（deliberative democracy），德國學者哈伯瑪斯（Jürgen Habermas）認為，公民在評判公共事務時應該先有開明的瞭解，而且能有平等的機會發聲，最後不同利害關係的群體都可獲得「雖不滿意，但可接受」的成果。

因此民主政治的目的不是對自由大加放任，而是塑造具公民素養的社會。在審議式民主的精神中，公民需具備的特質就是「尊重差異」、「深思熟慮」、「理性對話」、「積極參與」四者。陸生飄搖過海，究竟能不能在校園內、校園外，親炙這四個學分呢？

無論我們多麼不同，我都誓死捍衛你的權利

總統大選開票當天，賈士麟本來穿著藍色T恤，傍晚離開宿舍前，他匆匆加了件紫色外套，才趕往綠營競選總部。前一晚他才提醒潘發鑾身穿綠色衣服去藍營會場有些不妥，但後一晚自己也差點犯了相同錯誤。

不過潘發鑾就穿著綠色上衣經歷整晚的藍色激情，賈士麟也熱得脫下

外套亮出鮮豔的藍色上衣。出發前，不少友人善意提醒他們一定要小心，千萬不要暴露自己大陸人的身份，然而實際上那天蔡英文的競選總部現場非常平靜，他們倆什麼事都沒有。

大陸是把意識形態定於一尊，台灣則是被藍綠沖昏了頭。他們原本以為，兩岸都一樣，在公共場合必須保持「政治正確」，但親身經驗很快就打破這樣的想像。

選戰打得火熱的某一天，輔大大傳系的北京女孩唐孟維逛到西門町。她看見蔡英文的宣傳車在某個定點停著，喇叭揚起嗓子，不斷播送蔡英文的政見。此時一位鬚髮皆白的老者坐在宣傳車旁，一言不發，舉著一塊牌子，上面寫「蔡英文女賊」。[1]

唐孟維詫異地看著這一切，也為那位老者的安危捏了一把冷汗。過了一段時間後，宣傳車繼續開拔前行，老者收起牌子，自顧自地走開。瞬間，政治味煙消雲散，西門町又回復為商業空間。

1 〈沈春華Woman Show：陸生看選戰〉，二〇一一年十二月二十一日，中天綜合台。

劉莫同有一次與台灣同學聊天時隨口唸道：「經濟基礎決定上層結構……」台灣同學點點頭接了下去，劉莫同驚道：「咦，你聽得懂耶！」他充滿了訝異，「我以為馬克斯在台灣跟美國是被禁止的，因為這不是主流思想，但是我來台灣發現，沒有耶！」

台灣不但沒有把馬克思主義封殺，還把馬克思列入中學教科書中。也許學生不見得理解其奧義，但至少人人都認識這位被大陸奉為政治思想祖師的人物。甚至先前立法院才刪除人民團體法中有關「不得主張共產主義，或主張分裂國土」的規定。

除了思想之外，身體有異者，也都能獲得保障。劉峰曾在宿舍看見一位身障同學坐著輪椅、抱著洗衣籃，勉力往洗衣機前進。他內心掙扎著是否幫忙，但一想到大陸「好心被雷劈」的冤案，立刻逃入房內。不過「小悅悅事件」又馬上湧上心頭，隨即良心不安地衝回「事發地點」。當下人去籃空，洗衣機已然在運轉。[2]

[2] 劉峰，〈在台灣宿舍樓裡驚現殘疾室友〉，鳳凰網博客，二〇一二年三月三日，http://blog.

劉峰打聽了那位身障同學的房號後，逕自過去探望，還歉仄地向他「告解」。那位同學驚訝半晌，又好笑又感激，往四方指了指，劉峰才發現房裡的擺設都為身障者設計過，甚至電動輪椅還是學校配給的。因此要將衣服丟進洗衣機裡，對他來說其實不算困難。

劉峰開始回想，「大陸那些有著先天性缺陷的同齡人都在哪裡上學？」又憶起，很多學校甚至明文規定不收有「缺陷」的學生，如B肝帶原者。他為故鄉被遺忘的人感嘆道：「每一個人都有公平受教育的權力，可這些權力在冥冥之中已被改寫……夢想破碎。」

台灣用政策將弱勢者攬入懷裡擁抱。當這些稍微不同的人有能力任意出入公共場合時，自然容易養成人們尊重弱勢的同理心。

我們付出努力，可以更好的安慰他人

四川汶川大地震時，曾有許多大學生前往第一線支援救災，但以普遍

ifeng.com/article/16592524.html。

程度而言，董心成認為在大陸擔任志工的機會還是比較少，「因為大學生根本不願意去農村，社會奉獻精神不夠，很少人會願意去作那種義工。」

張可來台後做了一個簡單的問卷調查，訪問七十位陸生對台灣印象最深刻的事情。調查結果，第一是交通秩序，第二是公益行動。他舉例說，商家門口的發票捐贈箱總是滿的，這些溢出來的白色紙條，顯示台灣社會是用愛心砌起來的。他開玩笑地說自己要去箱子旁拉布條，「一張發票一口飯，捐助陸生向上爬」。

金韞昊曾與同班同學前往台中港邊的小學從事志工服務，但她們的教學不是拿粉筆在黑板寫下冰冷的字句，或者翻開課本照唸課文，而是設計活潑有趣的教學活動，讓小學生用英語闖關，過關者可以獲得獎品。這樣寓教於樂的學習方式，讓小朋友滿足地開懷大笑，一張一張小臉洋溢的幸福，讓金韞昊的疲憊完全消褪，覺得被服務的反而是自己。

場景拉到台北，輔仁大學在目前捷運新莊線的最後一站，當初因為捷運局將機廠廠址選在樂生療養院，除了必須拆除歷史悠久的古蹟外，也迫使高齡院民遷離這個居住一輩子的地方。於是許多學生組成「青年樂生聯盟」，誓言捍衛院民的權益。二〇一二年四月，青年樂生聯盟到公共工程委員會抗議未果，決定自行將逐漸傾斜的邊坡回填土方，防止機廠工程繼續掏空樂生院所在的山坡地。

這一幕幕的畫面過去，牽動著幾位大陸學生的心，因為樂生院裡住著他們最喜愛的胡伯伯、小丸子爺爺、已經雙目失明的南京爺爺……

這幾位陸生是輔仁大學「醒新社樂生服務隊」的志工，來自浙江嘉興的沈行雲剛入校時，就希望找一個義工組織參與服務，後來還把兩位好朋友沈依洋和朱伯銘帶進樂生，「不是我們去服務他們，而是他們一直都在陪伴我們，就像自己的爺爺奶奶一樣，每週都會等待我們。」

他們分屬不同小隊，每週固定時間去探訪老人。說是聊天，其實爺爺們大多已經八九十高齡，來自大陸和台灣各地，大多數滿口鄉音，有的甚至因為身體狀況差而無法溝通。沈行雲一行人有時只能自顧自地說些話希望讓他們開心，但這無礙於彼此的情感交流。

在每週的相處中，他們與這些老人形成很深的情感依戀。服務還不到兩個月，朱伯銘服務的安徽胡伯伯突然去世，「上週見面時他還說感冒已經好多了……。」站在胡伯伯空下的房間裡，這個斯斯文文的男生突然痛哭失聲。

沈行雲也有類似的經歷，僅僅一個寒假過去，她照顧的小丸子爺爺就過世了，她甚至責怪自己不該回家過年，沒能見到爺爺最後一面。

不是親人勝似親人，這些剛剛成年的新生代，在樂生早早體會到死亡的含意，「我們都要好好的活著，因為真的會有人為你傷心。」幾位陸生這麼說著。

其實朱伯銘從中學就開始熱衷志願服務，也曾在家鄉江蘇南通的老人院服務。沈行雲和沈依洋，這兩個讀法文的年輕姑娘，經過這樣的經歷後，也在自己的人生規劃中，加上社會公益這一項。

當大學新鮮人乘著飛快的列車，享受沒有速限的青春快感時，幾位輔大陸生放慢腳步，緊握乾枯的雙手，目睹一群無力招架的人被社會洪流沖得支離破碎。這歲月烙下的印記，讓他們在往後揮灑人生的同時，會記得伸出一隻溫暖的手臂，是多麼高尚的一件事。

一個社會所以民主，不在於有多大的自由，而在於對異數的容忍程度，因此胡適說：「容忍比自由還重要。」同樣的，美國經濟學者藍思博也說：「經濟學是門容忍的學科，好的經濟學教授會讓學生知道：生活方式與你迥然不同的人不一定是笨蛋或壞人。」不同的偏好、背景或目標，會形成各不相同的行為選擇，因此容忍的美德就是「贊成我們所不同意的事情」。[3]

透過陸生的眼睛，台灣或許很亂，但一如須彌山納於芥子，無論高矮胖瘦、雅俗美醜、健全殘缺、統獨藍綠、同性雙性戀，都可以在台灣活得舒適。

台灣走透透，只帶著虛心和好奇

陸小北是香港的內地生，交換到台灣後，加入異議性社團，成天跟著社團同學跑到不為人知的角落，濡了一身山巔水湄的蒼涼。

狂野的屏東進入秋季，陸小北與同學端坐在阿朗壹古道的海濱。這兒沒有年輕男女踏浪，也沒有稚嫩孩童堆沙，所有生物都躲起來了，彷彿知道

---

3 Steven E. Landsburg, 1997. Fair Play: What your child can teach you about economics, values, and the meaning of life. 中譯本《公平賽局：經濟學家與女兒互談經濟學、價值，以及人生意義》由經濟新潮社出版，二〇〇八。

即將大難臨頭。

阿塱壹古道所在之處，是台灣環島公路唯一沒有貫通的地方，鮮少人曾經踏上這個蠻荒之地。幾年前，政府開始盤算鋪設公路，但民間團體憂心古道的文、史、自然氣息將窒息而死，雙方遂展開激烈論戰。

陸小北靜靜聽著潮水劃過礫石的嗚咽，突然了解，即便是民主社會，失去話語權的人，也只能默認一生被安排的宿命。

幸運的是，當人們發現美好事物即將殞落時，紛紛來到這裡憑弔歲月風華，再回到都市為它請命，深愛原住民文化的陸小北，也是其中一位。二〇一二年一月十八日，在最後一次生態保留區劃設會議中，阿塱壹被保留下來了。

陸小北在這條古道上深切感受泥土的溫度，此後積極出入媒體鏡頭探不到的地方，不只風光迷人的山林、海濱，也深入部落，與原住民一起唱山歌、升柴火、烤山豬、種小米、學技藝，體會祖靈信仰中尊重大自然的精神。也許部落裡的物質還是很匱乏，但她深知，在環山擁抱中漾起的天然笑容，絕不可能從台北一〇一的玻璃櫥窗裡購得。

只是看看能怎樣

陸生來台前，法輪功及一貫道都是被叮囑不要接觸的對象。奈何，大陸遊客必定造訪的景點不說，大學校園就有不少法輪功成員，通常他們會在清晨揀個碧草如茵的空地坐下，旁若無人地練起功來。

從北海岸的野柳到最南端的鵝鑾鼻，地上擺放的血腥圖片以及「共產黨即將倒台」錄音，總讓陸客膽戰心驚，卻又壓不住好奇心，便小心翼翼周旋在圖片旁邊，只不過一會兒就被導遊帶走了。

陸生長期浸潤在台灣，就算刻意封住自己的耳目，各種敏感資訊還是會蜂擁過來。一名陸生的父母都是共產黨員，當初心裡甚是惴惴不安，「剛來台灣的時候很怕被抓走。」想當然爾，他對法輪功深惡痛絕。但某一次他到故宮遊玩，甘犯「大忌」，索性與法輪功成員聊起來，這才發現他們不過是宗教信仰的一種，跟中國傳統的太極拳、氣功沒什麼兩樣，何來十惡不赦之處？

此外，元宵月圓時節，幾位文化大學的陸生隻身在台，無法與家人團圓，奠基於一貫道的文化大學崇德青年社大舉來到宿舍煮湯圓，分送給離鄉背井的同學。許多陸生深受感動，絲毫感受不到一貫道「傳說中」的邪惡，其後雖未必加入社團，但有些人便跟著社團活動伴孩童研讀經書。

還有一位陸生回憶，二〇〇九年九月初，達賴喇嘛到台灣八八風災的災區舉行祈福法會，還在讀高中的她從電視上看到這一幕，直呼：「太有趣了，作法又不管用！」周圍的同學也多半嗤之以鼻。兩年後她來到台灣讀書，才發現「這是很正常的事，這裡的宗教很多元，請天主教過來，也都很正常，畢竟有一群人是相信的。」而且不管信仰程度多深，宗教活動或是其中的義理，早已是人們日常生活中的一部分。

這樣豁然開朗的經驗，讓很多陸生發現，只有走出自己的思想窠臼，才有可能理解別人。

原來台灣也強拆，只是真心不好拆

余澤霖為了感受台灣的時尚，信步到了台北東區，不過夾在高樓中間的低矮房舍反而吸引了他的目光，「我是學歷史的，發現市中心還很多舊房子，很難想像為什麼都留在這裡？這城市留有很多歷史、留有很多積澱。」

前一年，政大新聞系教授柯裕棻曾聽到台灣學生跟短期來台交流的大陸學生說：「台灣很安全，是你的就是你的，沒有人會強拆你的房子，因為這是講人權和法治的地方。」

不過，二○一二年三月發生在台北士林的這一幕，讓許多陸生看呆了。那天，一頭披著鐵皮的巨獸毫不遲疑地打開血盆大口，將一幢垂垂老矣的民宅啃食殆盡。屋子裡的主人抱著祖先遺照倉皇逃出，盯著巨獸嘴邊一抹碎屑，不住顫抖。

一位陸生睜大了眼說道：「我被親愛的台灣給嚇到了，原來你們也搞強拆啊！」

北京老胡同裡的梁思成與林徽因故居，因為沾著太厚的歷史塵垢，寒假期間才慘遭挖土機毒手。文物局官員稱此舉為「維修性拆除」，陸生們還記憶猶新。

時隔兩個月，台北為了「美化市容」，也揚起同樣味道的塵絮。馬軍與台灣同學一起盯著電視，看到群眾從聚集、對峙到被驅離，足足拉扯了一整天。他原本以為在激烈的政黨競爭中，肯定會有「口口聲聲要為民喉舌，恨不得一顆紅心獻給百姓的民意代表們……昂首挺胸面對拆遷機器。」但是，他失望了。

潘發鑾也深深嘆了口氣：「台北王家的例子讓大陸政府更理直氣壯了。」

蔡博藝回想近年大陸城市改頭換面的腳步，說拆就拆的，屢見不鮮；抵制糾纏的，也大有人在。有官商合謀利益的，也有釘子戶貪多敲詐的。雖然她對各種徵地拆屋早已麻木，這次也無暇再分辨誰是誰非，但是她沒想到在台灣，會「見證」兩岸政府對城市的共同想像……

時間拉回士林王家被拆除前的幾夜，一有風吹草動，許多大學生就自動集結，後來乾脆徹夜守候門前，埋鍋造飯。幾天過去，一個月色稀微的夜晚，警方大軍壓境，學生們拿出準備好的鎖鏈，拴出一道長長的人牆，橫亙在警棍與盾牌之前。來自香港的范迪隆，是人肉長城的其中一位。

范迪隆高中畢業後就到大陸內地讀大學。一年之後，為了追求大陸稀薄的自由學風、香港少有的公民社會質感，他轉進台灣，就讀社會科學系所。

時間一到，優勢警力開始強制驅離人群，只是警方愈是逼近，「為了我們的家園，誓死戰鬥到底」的〈勞動者之歌〉就愈是響亮。很快的，前幾排的人一個接一個被粗魯地抬走。

由於鎖鏈還在身上，范迪隆被扯得渾身劇痛，還被推倒在地。趁著混亂間隙，他爬了起來，冷不防一位警察對他講了一串閩南語，范迪隆聽不明白，用普通話隨意回了一下，但迥異的口音一出，警察立刻目露兇光地問道：「你是哪國人？」范迪隆一愣，警察又惡狠狠地喝道：「信不信我遣返你！」

范迪隆還沒回過神來，旁邊的台灣同學趕忙幫腔：「不准問這個問題！」警察才稍微退讓，但強勢的手腕並沒有停下來。最後范迪隆被死拖活拉地扔上警備用公車，連著一群激憤的學生被載離士林。

當然，遠離風暴的抗議學生在中正紀念堂下了車後，又回到現場聲援，來來回回，勢不罷休。塵埃滿天飛舞，群眾盡數被擋在盾牌之外，不斷么喝嚷嚷，直到老舊宅院灰飛煙滅。

范迪隆將近四十個小時沒有闔眼，拖著疲憊的身軀返回住處。雖然渾身痠痛不已，還是撐著在臉書寫下當天的經歷。其中不乏陸生按「讚」。

某個沒有人的午後，蔡博藝坐在王家遺址前好久好久，一陣唏噓，突然悲從中來。此情此景，彷彿「一位存世百年的老人去世了，一家六代的回憶和故事從此無處安放。」憶起大陸，思及台灣，「歷史和未來，又一次糾結了起來。而我們，怎麼辦……」

這股愁緒在斷垣殘壁飄蕩好幾回，臨走前，蔡博藝買了一枝百合放在鐵牆外悼念。只是濃濃的碎瓦味瀰漫在空氣中，怎麼也聞不到這股清香。

幾天後，花雖凋萎了，社會力卻正要綻放。家園失守之後，聲援者並未散盡，反而規律地在夜間漲起，在日間退下。大學教授將學生帶來這裡講授都市社會學；許多大學生重回廢墟，在瓦礫堆上辦起露天論壇，各領域學者紛紛來開講。聞訊而來的觀眾無論湊熱鬧還是看門道，席地一坐便是一整晚。正反雙方，各執一詞，也各擅勝場。

蔡博藝默默地來了這裡三次，她曾對窄巷中怒放的花叢感懷：「不知道這一樹的燦爛，以後還能不能看到？」但在人群集結、驅散、再聚攏後，她若有所悟的說道：「其實台北一點也不好拆。」

馬軍也重新燃起激動和欣喜，「龍應台筆下那些不會鬧事的新一代們，似乎又找回了當年台灣學運的精神。讓我在對台灣的政客們失望之餘，感受到了一股希望的力量。」

公民社會不是一朝一夕「變」出來的，而是一點一滴「辯」出來的。潮起潮落的人群，不見得可以辯出事件元兇，但至少道理愈辯愈明。在這座被喻為台灣版的海德公園中，所有人，不分立場，正一起思索公民社會的將來。

陸生這才發覺，原來民主政府自以為端正的行為，也可以惹得百姓紛紛起義。他們更發現，無論哪一種政治體制，人民有難時，苦等政治人物出現是不管用的。

對於強制拆遷，余澤霖以大陸人的身分表示感同身受，他勉勵自己，也勉勵兩岸青年：「大陸正在經歷著這種看似很不公平的事，這個改變，需要人民的聲音、你們的壓力。」一個多學期來，他為陸生權益來回奔走，有成功，也有失敗，拆遷事件後，他不改志氣地說：「一句話，不公平，我們要鬥爭到底！」

「吵不到糖吃的小孩」

「刀哥」余澤霖在陸生中名聲越來越大。入學後，他先是為文化大學的陸生爭取校方擔保手機門號，繼而公開呼籲社會各界正視政策對陸生的束縛。

只要翻開大一陸生的通訊錄，就會發現每個人的手機清一色以「〇九七五」等少數幾組號碼開頭，像是定律一般。原來，大一生未滿二十歲，依台灣規定無法獨立申辦門號，只能使用費率驚人的預付卡。一個月打下來，通話費破千元是家常便飯。

世新大學及淡江大學很早之前就以校方名義為陸生擔保，因此他們已有月租型門號可用。不過其他一百多所大專院校，通通都要陸生自行負擔高額話費。

余澤霖想了又想，愈想愈不對勁，既然其他學校能為陸生擔保，那自己的學校或許也能比照辦理。念頭到了此處，行動跟著展開，他努力不懈地向校方請願，為了自己，也為了文化大學六十六名陸生。

然而，校方對於一個屢次來亂的毛頭小子，自然愛理不理，因為校方堅信沒有義務冒險。他們尖銳質疑，「你們不繳費怎麼辦？」、「跑掉了怎麼辦？」、「你陸生不繳錢，結果校長被停話。」

余澤霖一次一次碰壁，又一次一次叩關，經歷幾個月的交涉，校方拗不過他的請求，終於首肯。只是難題再度浮現，陸生該繳多少擔保費給學校作為抵押？兩造再度展開拉鋸，幾次討價還價後，才協議為三千。

這個遊說歷時一個學期，最後校長在余澤霖面前親自蓋了印章，才把余澤霖累積多時的壓力給勾銷。雖然備極艱辛，但他仍一派輕鬆地說道：「過程很漫長，但有結果是很開心的。」

然而，其他學校的陸生並沒有這麼幸運。銘傳大學的學務處僑陸組應允陸生後，校方更高層接到風聲，趕忙制止，聲稱「我們負不起這個責任」。

余澤霖以自己接觸台灣學生的經驗，發現兩岸青年最大的差異在於行動力，「比如學校有些課不讓我選，今天我想到要爭取權益，台灣學生第一時間就拉橫幅衝到校長室了，而大陸生會覺得不要啦、算了，或者找老師慢慢講好了。」余澤霖說，在大陸，學生必須低聲下氣地跟老師溝通，但得到的回應通常是虛與委蛇，「老師會說『好好好，你說的我都知道』，每天都這樣說。」此時，學生也就軟化了。

大陸知名作家韓寒在〈談革命〉一文中說：「革命需要有一個訴求，但『自由』或者『公正』是沒有市場的，上街去問大部分人，他們普遍覺得自由。公正嗎？他們普遍認為不公正的事情只要別發生在我自己身上就可以。」

賈士麟也承認，「我們這一代確實有這個問題，每個人都能談天說地，但互相瞧不起互相，權力一召換，甚至就順了……在公民社會的實踐上，大陸人說得多做得少。」

經此一役，余澤霖感嘆道：「自己的權益要自己爭取，這是我來台灣學習到的。」他發現縱然是民主社會，少數團體的權益也不會憑空掉下來。若碰了一鼻子灰，不該輕言放棄，要設法拐彎達成，「找老師沒有效果，那就只有真正跟校長談，校長才知道這些情況。」

風雨之後，他總結行動成果指出：「過度的理性是沒什麼好處的，有些事情就要行動。」

二〇一二年三月，余澤霖以個人名義邀集全台各校陸生齊聚一堂，共商大計，如同武林大會般。各地陸生也十分賞臉，紛紛趕赴這場盛會，余澤霖簡述了目的：「彼此團結，共同面對當前給陸生的限制，但也不是要批評政府，我們現在需要的就是共同思考陸生當前的現狀。」

只不過他們一方面急著爭取基本權益，一方面也擔憂社會觀感，因而進退維谷。熱血激昂的，認為必須成立陸生總會才足以向外遊說。保守一點的，則擔憂集體暴衝只會壞了大事。雙方你來我往，莫衷一是。

有些人覺得要快，「你一個人可以跟馬英九講話嗎？你如果沒有聲音、沒有組織很難。如果總會暫緩一年兩年，那要等到何時？就像單詞，要一天背一個背一年，還是在一年的最後一天背三百六十五個單詞。」

有些人覺得要慢，「馬來西亞台灣同學會發展三十年後，才有相當規模、資源基礎去做。我們各校內部還沒解決，拿什麼來聯合？我們要弄手機卡、辦活動，但有人都宅在宿舍裡。我們自己內部都還沒解決，何談聯合呢？」

甚至有人質疑動員的必要性，「來台灣學習是為了跟台灣人交流，大家日常的醫保、銀行卡、手機卡，到底有沒有嚴重到需要成立一個會來維護我們的權益？」

同時，他們也害怕權力過度集中，當論及是否選出總會會長時，一位陸生便私下表示：「有領袖是一件很可怕的事！」另一位也說：「不應該選出會長，而是選出秘書長。會長是一個強制力的決斷，應該由秘書長來統合。」

這場會議經歷了三、四個小時，仍舊沒有結論，但大家的興致依舊不減，你一言我一語，生怕漏了自己的意見。在大陸，學生社團是受到層層限制的團體，但是到了台灣，陸生們就無所畏懼地聯合起來。

雖然最後成立總會的事情還是擱了下來，不過余澤霖仍充滿信心地說：「我們最大成就是，大家有想法跟團結，不管是支持、否決，起碼我看到有這個心，想聯合起來、想幫陸生實際解決這個問題。」

此後，余澤霖並未終止行動，反而更加積極地在公開場合穿針引線。他親自撰寫了四千餘字的陳情書，詳述陸生在台灣遭遇的六大問題。在一場兩岸議題的演講中，他耐心等候當時的行政院副院長江宜樺演講完畢，才小心翼翼地趨前遞交陳情書。江宜樺與他聊了幾句，才知道台灣已經開放學位陸生來台。顯然若沒有余澤霖的驚人之舉，副院長還不知陸生的境遇。

除此之外，余澤霖與其他陸生也持續參加公開座談會，至第一學年結束前，余澤霖已經參加了將近十場，每場座談會幾乎都會上報。某次記者單獨採訪余澤霖後，就坐在會場的觀眾席上寫稿，一旁的黃重豪看著記者一個一個打出來的字，心裡閃過一個念頭：「余澤霖這下死定了！」果不其然，該則新聞隨後被貼上知名論壇批踢踢（PTT）的八卦版，余澤霖立時成為千夫所指，被痛罵是「吵不到糖吃的小孩」。

一位有固定閱報習慣的台灣學生，甚至已經把這位陸生記在腦海裡，她看著該則報導說道：「余澤霖，十九歲、來自廣州，是文化大學陸生聯誼會會長，這位真的很積極！」

余澤霖還特意申請了批踢踢帳號觀察「民意」，他記得第一次公開發言後，「那時『鄉民』火力最猛，真的是通篇都在罵我。」但他只能在自己的臉書上發發牢騷，或者簡單幾句話勉勵自己，文化大學的老師就開玩笑說：「每次看你留言，像在作戰，你真有那麼多敵人？」

但幾次公開座談會下來，「直到第二次再次上批踢踢，卻有很多明白情況的鄉民站出來幫我說話，或者陳述事實，我覺得這便是我們努力奔走的結果。」余澤霖樂觀地說：「批踢踢鄉民的立場有所改觀，凸顯這次事件站在人權的角度上，被很多人接受。我無意與任何人交涉政治衝突，而是期待以一個和平的方式解決這個問題，我們只想正常地生活而已。」

余澤霖眼睛閃爍著堅定的光芒，他認為以台灣的包容性，一定會還給陸生最基本的權益，「台灣這個民主社會，只要你發出聲音，不管有沒有回應，但起碼你發過聲，你去跟他談過，哪怕沒有結果，也許每一步這樣去走，到真正解決問題的時候，會很快！」

其實不只余澤霖一個人的行動，各校後來陸續成立陸生聯誼會、選舉會長，以及參與討論是否成立陸生總會等等，這種多方對話、彼此溝通的過程，就在實驗一名公民的無限可能，以及充實台灣公民社會的內涵。

從圍觀到走進人群

張可在台大社會所上課時，第一堂就發現幾乎所有同學都參與過社會運動，「某種程度很shock，社會運動對大陸來說，實在太遙遠了。」

社會運動通常帶著鮮明的反對色彩，甚至被認為是一群人吵吵鬧鬧，因此許多人不是不知其中內涵，就是敬而遠之，在大陸更受到政府壓制。一位大一陸生被黃重豪問及大陸是否有社會運動時，第一個反應是：「社會運動是什麼？」

社會運動雖然常跟政治聯想在一起，但張可特別解釋這些同學其實是以實際行動來關懷社會，並非政治狂熱者，「不一定跟政治有關，反國光、反核四、紹興社區，他們都有參與。」張可回望自己和另一位陸生同學，「我們談廣東烏坎村的選舉，只是outsider（局外人），去談談。但台灣人是親身去實踐。」

當張可看著《牽阮的手》紀錄片而淚流滿面時，旁邊的台灣同學也哭喪著臉問道：「你一個大陸人流什麼淚？」張可淚眼汪汪地回道：「我看到台灣人為了理想放棄那麼多，家庭、事業、金錢，去追求自己價值的體現。」

台灣年輕人的行動力帶給陸生衝擊，讓他們常常深思，年輕人究竟可以為社會做什麼事呢？

五一勞動節前夕，蔡博藝看著一張海報喃喃自語道：「台灣人的五一和對岸會有什麼不同呢？」那張海報壯志凌雲地宣示：「勞工反剝削大遊行

／團結工聯帶領／自由廣場正式啟航／五一勞動節／我們街頭見」。顯然，五月一日對大陸人來說，是旅遊黃金週。而在台灣，勞動節不是用來紀念的，而是用來抗議的。

同樣，選後的台灣社會並沒有閒下來，台北街頭也很難圖個清靜，接二連三的示威遊行，吹皺了勝利者的一池春水。

「對不對？」「對！」一呼百應的機械式對答，再度出現在台北街頭。聽不懂閩南語的陸生夏文娟，在反瘦肉精的遊行隊伍中豎直耳朵，努力辨認抗議口號。反覆出現的「對不對」、「馬英九」，她早已耳熟能詳，此刻似乎又回到選舉造勢場合，唯一的不同是沒再聽見「凍蒜」了。

另一個場景，就在日本震災周年當天，陸生楊愛莉準時來到台北反核遊行的起點龍山寺，舉著相機、提起原子筆，就這麼跟著隊伍浩浩蕩蕩繞過整個台北舊城區，最後來到凱達格蘭大道，向總統「嗆聲」。

沿途沒有悲情，倒像是化妝舞會。有驚悚意象，如七孔流血的裝扮；有傳統藝術，如上了街的八家將；有原民文化，如達悟族以族語同聲吶喊；有黑色幽默，如青年手捧自己遺照為受核災威脅的生命送終。當她一轉身，就看見知名導演鈕承澤也在現場。

經此一遊，楊愛莉才知道台灣還有一個被碧海藍天包夾的小島，鎖住了一地的純粹，那裡叫做蘭嶼。她回頭想了想，竟想不起大陸的核廢料究竟存放在哪裡，突然一陣毛骨悚然。

另一位陸生不顧政府官員的諄諄告誡，悄悄藏身在藏人遊行的隊伍中。西藏、新疆、台灣向來是「祖國統一大業」的三大難題，以他如此敏感的身分，此行自是凶險無比。加上前後左右均被深綠政黨及社團包圍，他收緊了口、低下了頭，下意識地遮遮掩掩，生怕一個不小心就被攝影機拍到，那將貽害無窮。

其後，雖然他對遊行隊伍的控訴仍舊半信半疑，但反而激起他對西藏議題的關注。就算是為了證明這些指控超乎常情、是為了撫平受傷的民族情感，他也感嘆，西藏雖然就在中國大陸的範圍裡，但他了解西藏的第一步，卻是從海外的台灣開始。

長年關心移民、移工人權的政大法律系教授廖元豪也勉勵陸生，「很多人以為決策就是等馬英九決定，或立法院修法，這只是表面。你要他們動起來，就要形成社會壓力……你不是只去找個別官員，這樣只解決一個案子……你改變制度，是改變以後很多朋友的處境，改變整個社會氛圍。」

顯然，權益不是某天某個政治人物良心發現後的恩賜，而是公民持續倡議才獲致。這個行動過程不是非得仰賴革命一途，更不是消極等待救援，必須主動站出來爭取發言權，「你衝不會覺得你怪，你在立法院、在行政院，你會有朋友，不是孤單的！」廖元豪強調，「這就是台灣可愛的地方！」

台灣有沒有「民國範兒」？

寒假時候，賈士麟帶了一條繡著青天白日滿地紅的圍巾回家，媽媽看了緊張不已，其他親戚卻興奮地要他下次再帶枚青天白日的徽章回來。賈士麟笑道：「民國現在在大陸可是有獨特的魅力呢。」

大陸現在正瀰漫一股濃濃的老民國情調，他們管這個叫「民國範兒」。[4]中國著名畫家陳丹青談起民國範兒，說是人們對民國時代特有氣節及禮儀的懷想，而這正是「新中國」所失落的。

承繼或是孕育

還在使用民國紀元的台灣，被大陸人民認定承襲了民國範兒。復旦大學歷史系教授陳雁說明，「台灣涵納了各種想像，可以革命，可以情趣，可以高呼共產主義，可以台獨，可以統一……台灣與大陸隔開的，不只是山水，還是觀念、文化。」

吳梓杰也指出大陸對古老民國的想望，已經形成一種「台灣情結」，「我很多朋友對我來台灣還是比較羨慕，雖然說我不一定去了比他們更好的學校，但是因為我在台灣。」他讚揚台灣還保有華夏文化的風骨，「人與人

4 「範兒」是北京方言，原是指京劇演員「唱念做打」的技巧，現代則引申為氣質、派頭或情調。

之間，還是有一種傳統儒家的禮義存在，這裡的政治更加有人情味。」

二〇一二年五月，大陸青年作家韓寒應《遠見》雜誌之邀來台，短暫訪問後，他根據朋友和自己受到台灣店員、計程車司機禮遇的故事，寫下了〈太平洋的風〉一文。「我要感謝香港和台灣，他們庇護了中華的文化，把這個民族美好的習性留了下來，讓很多根子裡的東西免於浩劫……既然我們共享著太平洋的風，就讓它吹過所有的一切。」當中對台灣文化、法制和自由的盛讚，令大陸人欣羨、讓台灣人酥麻。此文不僅在大陸的網路上颳起一股強勁的「民國風」，並於次日就得到馬英九總統的回應，表示這正是台灣人引以為傲的誠實、善良、勤奮、進取、包容的核心價值。

在台灣的電視媒體上，韓寒這篇文章也被主播用不同的腔調重複誦讀。在台灣的大陸網友開玩笑說，外國人到了大陸，每天晚上七點到七點半都以為電視機壞掉了，因為每個台都在播《新聞聯播》；而那幾天的台灣，電視機也像壞掉了一樣，不斷地播著〈太平洋的風〉。

在人人網上，世新大學陸生韓冰每天貼兩篇介紹台灣的文章，她發現無論貼什麼上去，下面留言的人都會說好。她發個辯論賽上去，就有人回帖：「感覺台灣和大陸的辯論文化是不一樣的，大陸是急功近利想要贏，台灣是交流。」她覺得有些好笑，辯論就是辯論，誰不想贏呢？

台灣人有時聽到來自大陸的恭維，總有些不相信，自己真的有這麼好嗎？其實在台灣，已經很少人用「中華文明」、「炎黃」、「華夏」、「儒家」、「仁義禮智」一類的詞彙形容台灣，或者作為追尋的典範。所謂中華傳統文化，歸根究柢也不過是人性原初的美好。

溫良恭儉讓不是儒家獨創，也不是華夏民族獨有，是全世界任何一個文明發軔時的根髓，只不過後來隨著工業化、都市化、經濟發展、資本流動、消費主義盛行，人類追求的目標從靈魂轉變為物質，傳統道德因而漸次崩毀。

或許大陸目前就處在舊道德已然崩解，新秩序尚未建立的矛盾階段：契約取代原本的默契、監督取代傳統的互信、平等取代古老的權威、談判取代舊有的禮儀、求富取代過往的安貧等等。

前者是現代社會運轉的機制，後者是農業社會道德的準繩，當兩者沒有及時銜接上，就會出現公共秩序的陷落。當人們無所適從，就只好依靠投機行為，比如插隊、推擠、超速、濫鳴喇叭、逃票等等。

回首來時路，老一輩的台灣人也會覺得今天的中國就跟過去的台灣一樣。不過走過貧窮、經歷富裕，再走到「要經濟」還是「要生活」十字路口的台灣人，也慌了手腳，四處張望可能的出路。雖然焦躁急迫，但已經慢慢突破純粹的物質主義，開始回歸人性本質。因此，這個範兒不是繼承自古老的民國，而是孕育自現代的公民社會。

二〇一一年，在台灣政治學會的研討會上，一位大陸學者提到辛亥百年紀念活動在大陸和香港熱熱絡絡，在台灣卻冷冷清清，怎不怕歷史詮釋權都被搶去了？台大教授陳明通莞爾一笑：「因為我們已經用民主政治把革命的問題解決了！」

很多人都批評民粹主義壞了民主政治這一鍋粥，但事實上，民主政治的根基就是民粹主義，差別在於民主國家與威權國家消化民粹的方法不一樣。在不寬容的社會裡，高壓維穩的最後收場可能是流血、入獄、政變或自焚，不是你死就是我亡。相對的，民主國家允許法律秩序接受挑戰，並且搭起一個疏通民意洪流的管道。

一個國家之所以偉大，是偉大擁有尊重差異的公民、深思熟慮的公民、理性對話的公民、積極參與的公民，以及由這些公民組合起來的開放社會。

從「民主轉型」走到「民主鞏固」，選舉對民主國家來說，已經成為最廉價的公民權。民主固然可貴，也是「革命先烈」流血坐監換得，但對新時代的公民而言，它已經無聲無息的跟空氣一樣。它就在那裡，但你感受不到。

一位來自北京的陸生在總統大選偃旗息鼓後的夜空淋著雨水，心中浮現「遺民淚盡胡塵裡，南望王師又一年」的詩句，那是南宋詩人陸游遙望中原故土泛起的愁緒。當時的陸游，正哀嘆著半壁江山遭金兵鐵蹄踐踏，人民萬分煎沸。

美好的種子

章程踩著蹣跚的步履，從政大山上校區走了下來，內心愁腸百轉：「（高華）老師二〇〇四年曾經到政大，老師當年是不是也和我一樣從這條楓香步道上走過，是不是走在這條路上的每日沉思，凝結成了那本《在歷史的風陵渡口》。」

二〇一一年底，一位讓校方為了他在海外出版的禁書《紅太陽是怎樣升起的》能否計入研究績效而爭執不休的學者——南京大學史學教授高華，溘然長逝。章程用巍巍顫顫的雙手打了一篇深沉的悼念文，發在網路論壇上，「他們卻還是如同機器一樣……領著工資，敲著鍵盤上的Backspace（退格鍵）。」

「我請各位，真的要對大陸的民主憲政有所關心。」章程幽幽一嘆，「不管是出於自保自顧的想法，還是出於普世價值，出於對對岸同樣血肉之軀的同情……台灣的未來絕對不可能與大陸的民主憲政無關……只有用心去推動及打動對岸今日的局勢，台灣的未來才可能有所保證。」

在兩岸交流愈來愈密集的今天，或許有些人看見大陸無可限量的商機，或許有些人對大陸還是漠不關心，但不管台灣人會不會成為大陸民主化的推手，台灣都代表著轉型中的大陸人民對美好生活的嚮往。

從陸客到陸生，台灣在他們的心裡，從「旅遊小島」變成「生活大國」；從交換生再到學位生，台灣又從「趕路環島」變成「閒適緩島」。

他們跟著台灣人一起經歷了喜怒哀樂、悲歡離合。當酒醉藝人毆打計程車司機時，他們憤怒；當林書豪一躍而為ＮＢＡ新星時，他們也瘋；當一夥人包下火車開性愛派對時，他們咋舌。而從選舉、遊行、服務到陳情，他們不再透過網路圍觀，而是直接走進台灣的街頭巷尾，感受社會的脈搏、公民的力度。

江宜樺就以看「Ａ片」形容民主化的腳步，「當你開始讓小孩子拿起遙控器在深夜隨便轉台看『Ａ片』時，就不可能阻止他去認識性生活。」[5] 從中東茉莉花革命、從好萊塢、寶萊塢的反動電影、從翁山蘇姬的故事等等，當一個本來閉鎖的國家，開始嘗試掀起窗簾讓陽光照進來，或是打開側門讓人溜出去時，無論接下來怎麼封鎖訊息、怎麼剪除畫面，都擋不住人們求知的野心。

5 時任行政院副院長、現任行政院院長江宜樺在「二〇一二海峽尋新台北論壇」第一場座談會〈守護這片自由之地—民主的價值與意義〉的發言。二〇一二年三月十二日，台北。

「即便你告訴他這樣不好，但他已經從各種地方看到，人類可以示威、抗議、攻擊政府。你都看了，它明明沒有教你，但它讓你潛移默化，這就是民主化的根源。」江宜樺肯認道。

自由的社會需要良善的公民支撐，否則就會淪為暴民政治。但是良善公民也要在自由的社會裡涵養，不然民眾無從理解自由的真義。十九世紀法國思想家托克維爾就說：「在生活社區的小事都不曾用慣民主的平民百姓，怎麼可能會在大事上穩健地使用它呢？」

二〇一一年，飛鳥已經銜了九百二十八顆種子播在台灣。當越來越多年輕學子發現他們有權選擇自己喜歡的人生價值，也發現在大陸不可能的事，就發生在一海之隔的台灣時，總有一天，他們會像蒲公英一樣，晃晃蕩蕩飄回故土，不但開出蓓蕾，而且終年常綠。

然而，蒲公英的種子還要細心呵護，才能強韌地成長。台灣目前帶著偏見與歧視的陸生政策，是否真能成就豐饒的環境，培育找尋多元人生價值的陸生呢？

09

台灣應該更自信

09

台灣應該更自信

在台灣的大學校園裡，不乏外籍生與僑生的蹤影。然而，台灣的高等教育離「教育無國界」（education without borders）的理想還有多遠？

政大法律系教授廖元豪在臉書上說「我們收陸生，是希望他們被台灣的價值浸淫影響，並且以後成為對我們友善的中國大陸中堅份子。現在這種搞法，待遇遠不如外國學生，別說收不到人，還只是讓他們體會到台灣的敵意排外歧視沒自信——這是我們要浸淫的台灣價值嗎？」

二〇〇六年，作家身份的龍應台女士慷慨激昂地寫下了「請用文明說服我」，批評海峽對岸的國家暴力和洗腦教育，贏得華人世界的一片叫好。社會的開放和包容一直以來都是台灣面對中國大陸時引以為傲的價值，很多陸生也抱著對這樣價值的憧憬來到台灣。可是，當台灣決定打開大門讓中國大陸的年輕人過來接受「自由」教育的時候，是否也敞開了胸膛準備接納他們呢？

在「三限六不」框架下，陸生們發現，僅僅是日常生活中些許作為學生的基本權利，他們都不得不喊出「請用文明說服我」[1]。

請用制度保障陸生的權利

世界各國對留學生或多或少都有限制，可是陸生來到台灣才發現，自己在這裡不僅與「本國人」的待遇相差甚遠，而且比「外國人」都要差著好幾等。台灣人的熱情好客是很多陸生真切感受到的，可是，除了熱情之外，陸生在台灣卻連一些打工、醫療保險，甚至是就學平等的學生基本權利都得不到保障。

在全球化的年代，留學對台灣人也好，對世界各國的人也好，早就是稀鬆平常的事情了。無論出於基本人權，抑或吸引人才的考量，世界各個國家或多或少會保障留學生基本的就學、工作以及醫療權利。以美國為例，外

1 在二〇一二年四月的「建立大陸同胞友善環境，取消陸配陸生身份歧視」的研討會上，來自中國文化大學、輔仁大學、淡江大學、銘傳大學的陸生代表打出了此訴求。

國留學生在學期間可以在校內打工，每週最多二十小時，並且可以在假期從事全職工作。此外，美國也為外國學生提供課程實習（Curriculum Practical Training）和選擇性實習（Optional Practical Training），使外國學生也可以在校外獲取實習機會。事實上，比之歐洲的英、法、德或亞洲的韓、日，美國的限制已經算嚴格，世界上更幾無國家會禁止外籍學生在校內工作。台灣學生前往中國大陸或者香港從事短期或長期的實習，也早就是司空見慣的事情，外籍學生或者僑生在台灣也都可以申請工作許可。可是台灣專門為陸生量身訂做的「三限六不」，陸生被禁止從事校內、校外的任何工作。

而在醫療方面，世界上向外國學生收取高昂學費的國家固然不少，可是在醫療上向外國學生斤斤計較的卻不多見。實際上，世界上很多已有全民健保系統的國家都很樂意把外國學生納入。以英國人最自豪的國民醫療保健系統（National Health Service）為例，每一個在英國合法居留六個月以上的外國人，都可以享受英國全民免費的醫療服務。而在日本、德國和法國，求學超過一定時間的外國學生，都有義務加入當地的全民健保計畫。

停留 or 居留

行政院會於二〇一二年十月十一日通過「台灣地區與大陸地區人民關係條例」第二十二條修正草案，將陸生身份由現行「停留」修正為「居留」。

行政院在新聞稿中指出：「行政院長陳冲表示，該條例的修正，將來台就學的大陸學生比照外籍生及僑生，納入全民健康保險的範圍，展現政府人道關懷及對人權的重視，同時也創造一個友善的生活及學習環境，有助兩岸青年交流往來。為早日完成立法程序，陳院長請教育部、衛生署及陸委會積極爭取立法委員支持，並請教育部等機關及早準備後續應配套完成的行政作業及法規，以利施行。」

同樣的，在台灣居留滿六個月的外籍人士，就要強行納入全民健保。可是，由於〈兩岸人民關係條例〉中的限制，陸生在台灣無論求學時間多長，都只能算「停留」，而不算「居留」，因此無法加入全民健保。

陸生算不算外籍學生？陸生在台是「居留」還是「停留」？這些都是非常特殊的兩岸政治問題，可是在技術性問題的背後，是台灣能否讓陸生享受基本權利的問題。工作和醫療的權利都是〈世界人權宣言〉中，人的基本權利。從全世界的經驗來看，校內打工和加入全民健保並不是過分的學生權利。然而除了以上兩項，陸生在台灣還不能就讀國立大學的大學部、不能領取任何公費的獎學金、不得考取證照。比起所有國籍，他們在台灣有如次等學生。

打工、實習，只是免費勞動力？

工作的權利，許多陸生在來台灣前並沒有那麼在乎，在傳統思維中，大學還是應該好好學習。但真正進入大學才發現，「打工」這件對台灣青年甚至僑生、外籍生都稀鬆平常的事，對陸生來說卻是嚴重的禁忌。

「在台灣讀大學有三個必修學分，學習、戀愛和打工。但我們的大學生涯註定最多只能修三分之二。」一位來自輔仁的陸生感嘆，「畢業後，當台灣同學的履歷上，打工經歷成為最重要的求職籌碼，陸生的那一欄卻會是一片空白。」

「這對我們求職是非常不公平的，並非我們不如台灣同學，而是我們不能。」他的這番話，讓現場陸生不勝唏噓。

因為不能打工，大學部的陸生想要參加一些校內外活動，只能無償加入。文化大學的陸生余澤霖，多次提及他的經歷：學校舉辦校慶紀念論壇，他和台灣同學一起報名擔任志工，工作性質並無二致。不同的是，論壇結束後，他的同學可以拿著學校發的八百元補貼去打牙祭，而他只能默默拿著穿髒了的西裝走向乾洗店，「這錢還得自己掏。」

輔仁大學英文系的劉禹岑也曾提到類似情況，她報名學校活動司儀的選拔，終於進入最後階段，卻無法繼續與同學公平競爭，只能列為備選，坐在冷板凳上。「因為這個活動是按小時計費，陸生不可以打工，學校擔心觸法。」

無獨有偶，輔仁、文化、世新、中原等多所大學的陸生都提到，前年微軟公司在台灣舉辦一個競賽活動，最後獲勝者可以得到微軟的實習機會。雖然名曰實習，但許多陸生都在思考，實習算不算打工？「如果是打工，就算贏了，也不能去，何必白占名額呢。」

因為這種顧慮，這群有著冒險精神的陸生們，只能眼睜睜看著許多實習機會白白溜過。

打工的收入或許不是什麼大數字，卻是一種付出的回報，當中也是僱主和受僱者之間的信任關係。當陸生只能游離於社會的信任之外，無形資本就大打折扣，疏離感不免油然而生。

當不成研究助理畢業都難

工作機會對研究生還多一層學術意義。

劉莫同看到學校民調中心招聘電話訪問員，對學管理學的他而言，正是難得的學習機會，而且他還能說一口台中人都分辨不出身分的閩南語，更是民調中心需要的人才。不過一想起「三限六不」的緊箍咒，他也只能去那邊簡單體驗，過過打電訪的乾癮。

北部某大學的碩士研究生曾說，許多老師的研究都是國科會計畫，因為經費來自政府，陸生因而無法擔任有償研究助理。但許多老師甚至拒絕陸生做無償助理，「老師覺得麻煩，因為計畫中有明確的經費是要分給助理的，如果陸生參加計畫又不拿錢，他反而不知道怎麼辦。老師也會覺得無償使用陸生很過意不去，如果以餐費補貼形式補償，又怕招來審查問題。」

在場的另外一位碩士研究生望著他直點頭，那種感覺也許就是「同病相憐」吧。她補充說，同學們擔任老師的研究助理，因為多了一層關係，格外融洽，但她因為身分限制，無形中被排斥在外。南部某大學一位博士生遇到的問題比碩士生更為嚴峻，因為參與研究計畫及發表論文是畢業的必備條件，但身分限制卻讓他無法參加任何一項計畫。

同時，沒有研究計畫也意味沒有生活費來源，「這是任何國家都不會看到的。」一邊努力為大陸及香港媒體寫稿的他，打起了退堂鼓。打算修完一年的學分後，先回大陸再說，「不然還能怎麼辦呢？」

如果說校外打工還只是一種社會閱歷的累積，那麼參與校內研究本應屬於研究生份內的事情。台灣允許大陸學生過來讀書，卻不讓他們參與研究，這樣不僅無法吸引優秀人才前來，也讓已經來的人發出「匆匆過客」的感嘆。

陸生不得搶奪任何資源？

台灣的大學往往會為學生設立獎勵和補助，金額雖然不一定很高，卻是對學生付出的肯定。法令雖然沒有明文規定陸生不得領取，但陸生往往會被視為「搶奪資源」。

在「三限六不」中，不編列獎學金僅針對政府機關，私人獎學金不在限制內。但台大國發所博士生王欽在《蘋果日報》發表〈陸生的尷尬身分亟待改變〉[2]一文中提到，「台灣各大學都會有一些私募獎學金允許外籍生、僑生申請，但是因為當初未預設陸生來台，使得陸生連申請資格都不具備，等

[2] 文章發表於二〇一二年五月一日的台灣《蘋果日報》，另一位作者是蔡尚謙。

於在實際操作中限制陸生爭取私募獎學金的權利。」

中部某大學一位陸生在新浪微博上道出這樣一件事：「同樣是班遊，同學有所上補助我又沒有，有時候不是那麼幾百塊台幣補助的問題，是一種不知道為什麼感覺莫名其妙低人一等的二等公民的感覺。」

雖然有些資金的來源並不是政府機關，但學校或系所卻習慣性的以「防」的思維，將陸生阻擋在學生權利的大門外。聽到學校放出的「好康」消息時，陸生總習慣先問一句：「這個，我可以參加嗎？」

一位就讀東海大學的陸生，甚至申請勞作小組長也遭到拒絕，只因勞作小組長有工讀金可以領，而他是「陸生」。

得到太多次「ＮＯ」的回答，陸生參加學校、系所或班級活動時，看到發下的便當，甚至會先問一句「我可以吃嗎？」有人形容這種心情實在是「如履薄冰」。

兩岸學生都在考照，我們會被淘汰嗎？

台灣並無限制外國人考取本國職業證照，但是「陸生不得報考職業證照考試」卻被明文寫入法律，這也是不平衡的兩岸關係下，台灣獨特的自我保護。只是，處於華人「考試」特色的社會中，證照不僅是從事職業的必備條件，也是對自己能力的證明。

台灣大學心理系陸生胡俊鋒，想學習臨床心理學，畢業後從事心理諮商工作，前提是取得心理諮商師資格。不過心理諮商師證照在台灣屬於醫事執照，根據法律不開放給陸生，但外籍生和僑生同學都可以報考。

「臨床醫師是對能力的證明，大陸也有相應考試，但是水準不如台灣。」由於大陸早已承認台灣的證照，即便他畢業後不能留在台灣工作，如果能拿台灣的證照回去，也是一種收穫。只是在台灣讀書卻要回大陸考試，多少讓他心裡有些彆扭。

與他遇到相同問題的，還有台北醫學大學的同學們，「一般都是靠大學文憑就能找工作，但我們學的護理、牙醫卻屬於醫學專業，憑專業證照才能找工作。」但同樣因為不開放陸生執照考試，眼看台灣同學都在積極備戰國考，這幾個陸生卻在思考，自己來台灣讀書的意義究竟在哪裡？「讓我們來卻不讓我們考證。」「我們很希望這四年的付出能有回報。」

而對於非醫學專業的陸生，報考證照有時候是一種安全需求，「學法律的就想考律師執照，如果拿不到就會懷疑自身的能力。」輔仁大學陸生陳璐潔說。

因為畢業後不能留台工作，他們勢必要回大陸就業市場，與大陸同學競爭。雖然證照和能力並不完全畫上等號，只是既然都來到台灣讀書，卻還要回去考照，在以考試論英雄的華人社會，多少讓人有些灰頭土臉，也讓陸生懷疑自己來台灣學習究竟能有什麼收穫。

任教於美國羅徹斯特大學經濟系的藍思博教授用《公平賽局》這本書講述公平的重要。公平的基本要求其實很簡單：所有人應受到平等待遇，每個人的權利和責任，不應受無關的外在環境改變。

除了供給與需求、市場與效率，經濟學也是一門培養同理心的學科。瞭解他人的目標和困難，就是同理心的基礎。將心比心，想像你是陸生，不但無法與身邊的台灣同學比肩，也無法與僑生、外籍生平等相待，甚至也無法與大陸的同學同等競爭。那麼，來台就學，對這些跨海求學的學子來說，是不是一個錯誤的決定？

獨拒陸生的命運共同體

沒有健保的保障，許多陸生感冒流鼻涕時，「拿張紙擤擤」就過去了；發燒後就用喝熱水、睡覺的方式慢慢熬過；有的陸生從大陸帶來了藥，有的頂多到屈臣氏或藥房買幾片藥，醫院可望而不可及。淡江大學的劉汭鑫在冬季的時候不巧染上急性腸胃炎，學校的老師不容分說拉著他就要急奔醫院，但轉念一想不對，只得轉換方向送往私人診所。陸生在台灣看病價格不菲，文化大學的余澤霖多次提到，一位陸生因為打籃球造成手脫臼，送到醫院花了新台幣一萬四千元。銘傳大學的劉啟東也說：「生老病死人之常情，誰能保證不出意外。」去年銘傳曾有一位大陸交換生感冒，因為不敢上醫院，一忍再忍，沒想到竟然演變成肺炎，最後只能中斷學業返回大陸治療。

陸生來台前都被要求在大陸購買商業保險，只是兩岸文書傳遞的苦頭，他們早在出發前就嚐過了，真在台灣生起病來，遠水哪裡救得了近火。自第二學期開始，台灣國泰人壽推出針對陸生（含交換生）及暫未取得健保的外僑生保險專案，只是理賠手續不比健保，陸生心裡也都沒底。

拋開陸生在台是「居留」還是「停留」的技術性問題不談，陸生納入健保其實也不盡然是搶占台灣資源。英國社會政策碩士張可就說，健保的開銷主要來自慢性疾病。而這在陸生來台前的體檢就可以查知。中研院社會學研究所助理研究員林宗弘曾在臉書上說：「台灣健保支出有四成多是重症患者，百分之二十六以上支出用於癌症患者。」所以「年輕人所繳交的保費多半用在中老年人身上。」而依「目前外勞與外籍生的保費超過其使用經費」來看，「理論上陸生強制納保將會對台灣民眾造成一小部份的補貼。」

在香港中文大學商學院任教的葉家興，是美國、香港和中華民國精算學會的副精算師，他也從精算的角度判斷，由於健保這種社會保險不以「年齡」作為精算變量，而年輕人的死亡率和發病率都比較低，對健保體系應該是收進來的比付出去的多。搶奪資源一說，在精算上恐怕站不住腳，甚至可能剛好相反，不是健保補貼陸生，而是陸生補貼健保。

健保局提供的資料印證了這點。在二〇一二年十月十一日行政院通過「兩岸人民關係條例」修正草案後的記者會，健保局長黃三桂比較同樣在台求學的外籍生和僑生，外籍生平均每人每年花費健保六千一百六十六元，相對年齡更低的僑生平均每年每人只有四千零一十五元。由於陸生來台前有詳細的體檢要求，因此重大醫療風險的機率低。以第六類投保對象納入健保後，平均每年健保保費為八千九百八十八元。換言之，納入健保後的陸生群體，可能每年為健保體系挹注數百萬，乃至數千萬的額外收入。

林國明教授也曾在《陽光時務》的座談上指出，健保問題實際上是命運共同體的問題。在傳統的觀念中，同一個國家的公民形成命運共同體，受保群體是以公民的身分作為基礎。然而隨著國際交流日趨頻繁，普世人權的福利思想已然形成，「你在我這個土地停留，雖然你不是公民，但基於基本人權，我給你這樣的保障，而醫療是基本人權。所以，在台灣停留超過六個月以上的外國人，我也可以給你健保。」林國明說道，現代共同體的對象已經不再侷限於同一國家的公民，把陸生排除在外，違反了普遍性的人權。

台灣，究竟在怕什麼？

雖然可能不及香港、新加坡，台灣高等教育的國際化程度並不算低，台灣對待外國學生也不算嚴苛，甚至願意提供豐厚的「台灣獎學金」吸引外國學生來台。但陸生一年的招生名額已經限在兩千，來者更不足一千，台灣為什麼偏偏擔心陸生搶奪資源呢？

政大國發所的趙建民教授在擔任陸委會副主委期間，曾經處理開放陸生的事宜，他在台大舉行的「海峽對話沙龍」座談會中表示，如果當初沒有設立「三限六不」，今天陸生就不可能來到台灣。他曾經推動編列三百萬元的預算，鼓勵大陸交換生來台做論文，但被民眾罵到翻。他說，台灣每年編四億獎學金給外國學生，僑生、外國學生在台灣打工，他也沒聽說有什麼特大的意見；可是偏偏就在開放陸生的議題上，反對的聲浪特別大。所以，開放陸生不是簡單的國際化問題，而是十足的兩岸政治問題。也就是說，台灣人不害怕世界其他國家的學生搶奪資源，唯獨擔心中國大陸的學生，這大概就是林國明所說的「敵我邏輯」。

如果說台灣人只是不想和陸生分享資源，那麼台灣究竟害怕陸生什麼呢？

根據趙建民的觀察，台灣不是不想國際化，但目前在國際上處處阻撓台灣、孤立台灣的正是中國，所以反對者認為，台灣對大陸也不能太好。台灣要追求國際化，但是不應該和中國國際化。此外趙建民也指出，自從馬英九政府上台以來，台灣一下子開放太多，又是陸客自由行，又是大陸銀行設點，又是人民幣業務。開放得太快，老百姓就會受不了。所以，趙認為單一的政策不能開放太多、不能一次走太快。

二〇〇九年，台灣團結聯盟召開記者會，一百四十六位學者聯署反對「承認中國學歷及開放中生來台就學」。聲明中認為，不能連教育問題也要「依賴中國」。在顧慮的理由中，除了教育和工作機會受到爭搶，也擔心台灣根本招不到中國頂尖的學生，陸生來台不能真正解決私校招生不足的問題，還有「假留學、真打工」的可能性；甚至會危害到台灣的國家安全。

近些年，台灣的經濟愈加依賴中國大陸，使得很多台灣人不得不擔心中國勢力的入侵。陸生在台灣人的想像中，就有了木馬屠城的詭異模樣。

只是陸生並不盡如刻板印象，台灣的高等教育也大有可為。如果我們相信，教育比拼的不是國家暴力，而是文明的價值，那台灣人在面對陸生時，自由、開放的自信又去哪裡了呢？

中央研究院社會學研究所副研究員汪宏倫曾經用「怨恨的共同體」形容台灣人面對中國大陸的心態。汪宏倫認為，台灣與中國在國際上實力不平衡，再加上中共處處打壓，使台灣人對中國產生「怨恨」的心理。但由於政治、軍事力量的懸殊，台灣又很難實際報復，「怨恨」的能量因此愈加聚積，進而產生「反中」甚至「妖魔化」中國的精神勝利法。[3]只是，如果台灣在國際空間忍受很多來自中共的不公不義，難道就要把這股怨氣回報在不足千位慕名而來的陸生身上嗎？

如汪宏倫所認為，怨恨的心態無助公民社會的健康發展。如果文明的價值是台灣人面對中國大陸時所賴以自豪的，隻身來台的陸生又有何可怕之處呢？儘管面對中國時顧慮在所難免，但台灣是不是能以更加自信、文明的方式面對陸生呢？

3 參見〈怨恨的共同體，台灣〉，刊登於《思想》雜誌的第一期《思想的求索》。

從教育做起，打造更自信、更開放的台灣！

二〇一二年五月二十六日，前任教育部長吳清基在政治大學的「台灣發展論壇」上坦言，為了通過陸生來台而訂出「三限六不」，是「不得不的做法，訂了都覺得不好意思。」而在六月十五日，民進黨前主席蔡英文在中正大學回答大陸交換生時也表示，現階段的政策「有些無可奈何，但也是必要。」任何國家優先保護本國學生，都是無可厚非的事情；只是，我們還是再次提出，台灣在接納前來讀書的陸生時，是不是能夠抱持更長遠的目光、更寬廣的胸襟和更加自信的態度？

如林國明在《陽光時務》的座談上所闡述，陸生如果可以通過打工多方面接觸台灣社會，可能會更加理解台灣社會，台灣對於招收陸生也能達到「民主的邏輯」。在健保的問題上，林國明說：「我們的全民健保有一個特殊的地方，是全世界都很少見的，它使我們兩千三百萬國民集合在政府經營的全民健保體系裡，形成一個命運的共同體。如果讓大陸學生也參與這樣的體制，也繳保費，也參與台灣共同體的構造，陸生也能理解這樣一個透過全民關切的社會體制、一個聚焦全國社會互助的組織，我想對於他怎麼理解社會制度，怎麼理解政治、公民參與和如何介入社會體制這樣的問題，可能會產生一些和他在大陸不一樣的想像。」

一位就讀淡江大學的陸生說：「我們把人生中最黃金的歲月留在台灣，我們有台灣經驗，也會對台灣有更多認同。畢業之後，我們將會把台灣經驗帶回大陸，這樣會有更多人知道台灣想法，而不是站在大陸角度的主觀臆測。」然而，「認同感是雙向的，有熱愛才有認同。」如果台灣人擔心未來在經濟上對中國大陸的依賴會導致政治自主性喪失，那麼現在不正好應該更主動用「民主的邏輯」去影響新一代的大陸年輕人，使他們更尊重台灣的民主價值嗎？

哈佛大學的生物學和數學教授諾瓦克（Martin A. Novak）在其書《超級合作者》（Supercooperators）中也以數學生物學（mathematical biology）論證，合作和競爭其實並不矛盾。合作和利他主義，其實在人類社會的演化中，扮演至關重要的角色。[4]其實這個道理不難理解，如果人與人之間能夠保

4 參見《讀者文摘》香港版二〇一二年二月號，〈合作才能生存〉，Roger Highfield撰，第

持良好的互惠關係，我願意幫助別人，別人自然也願意幫助我。如果說年輕人是兩岸的未來，我們為什麼不以更開放的胸懷創造空間，讓兩岸年輕人產生互惠的關係呢？

若從更長遠的教育眼光出發，台灣也不應該過分計較眼下的得失。在政治大學國發所舉辦的「台灣發展論壇：陸生來台與高教產業」座談會中，政大校長吳思華算過一筆帳。假設台灣可以招收五萬名陸生，每一個陸生一年的生活加學費三十萬台幣，一年總產值也不過一百五十億，實際上並不能解決台灣的經濟問題[5]。

可是吳思華認為，二十一世紀是知識經濟的時代，國家在經濟發展的過程中是靠知識賺錢，而不是靠學費賺錢。知識從哪裡來呢？就是來自大學的基礎研究。因此，大學不應只是知識傳播的場域，而該創造知識。什麼樣的校園環境有助於知識生產呢？吳思華說，當一個校園愈多元、異質，就愈

五十四到六十頁。

5 二〇一一年台灣的國內生產總值（GDP）是新台幣十三・七五兆元。

容易爆發原創的東西。

吳思華認為，如果我們承認大學是傳播、分享、創造知識的地方，那麼大學校園最應強調的就是讓所有學生受到平等對待，沒有歧視。他說，在校園以外，各國對移民政策或有分歧，但進到校園，所有學生就應該享有學生的待遇！

此外，校園外的無形教育也越來越受教育者關注。「社會資本」對整個社會的教育就有很重要的影響。[6]根據美國政治學者普特南（Robert Putnam）的定義，「社會資本是指個人之間的連結——他們之間產生的社會網絡、互惠原則和信賴度。」是「鑲嵌在社會互惠關係中的公民美德。」[7]世界銀行（World Bank）也在研究報告中不斷指出，社會資本對社會的經濟繁榮和可持續發展至關重要。[8]如果不讓陸生打工、實習、從事研究，有可能

---

6 參見Smith, M. K. (2000-2009) . 'Social capital', the encyclopedia of informal education, [www.infed.org/biblio/social_capital.htm].

7 參見Putnam, R. D. (2000). Bowling Alone. The collapse and revival of American community, New York: Simon and Schuster.

8 參見Social Capital: Conceptual Frameworks and Empirical Evidence, An Annotated Bibliography, by

讓他們與其他學生產生疏離感，這也在一定程度剝奪了他們的無形社會資本。如果陸生在台灣社會只能作為次等學生，這對整個台灣的社會資本又何嘗是一件好事呢？

普特南認為，社會資本可以擴充我們對「命運之間的諸多連結方式」的視野。「當人與人之間缺少連結，他們就無法驗證自己觀點的準確度。」普特南說，「如果沒有這樣的機會，人們將更容易被糟糕的衝動影響。」所以，如果台灣僅因捨不得少數資源而對陸生層層設防，不僅會造成陸生無形社會資本的流失，也可能讓整個台灣社會流失更大的社會資本。

兩岸年輕人之間的交流有無限可能性，如果台灣能超越怨恨的心態，以更長遠、自信的眼光看待陸生議題，讓「最熟悉的陌生人」可以互相印證各自的經驗，兩岸公民社會的發展將會更健康積極。

「我的台灣同學每個都很厲害，懂好幾種語言，又很能玩，綜合素質

Tine Rossing Feldman and Susan Assaf, January 1999

很高。」台大國企所的陸生胡憶陽在知名製作人王偉忠的節目[9]中說道：「台灣更自信一點，對外開放一點，這樣整個競爭環境才會比較好，台灣的學生才會更加進步。」

台灣固然對中國的崛起有各種顧慮，但與其一味焦慮、將慕名而來的陸生作為假想的競爭敵人，為什麼不對自己有更多的信心呢？

試想，胡俊鋒畢業後雖然不能留在台灣，但如果他能驕傲的拿著台灣的醫事執照回到大陸行醫，難道我們不會為他感到驕傲嗎？

廣州的《新周刊》在二〇一二年七月做了一整期的台灣報導，封面大字寫道：「台灣，最美麗的風景是人。」不知我們有沒有意識到，面對經濟快速崛起的大陸，自己有如此優厚的文化資本呢？

以歷史為鏡，我們可以樂觀。因為開放、民主、自由，終將取代封閉、威權、專制。從本書見證的故事來看，台灣應該更自信，因為跨海而來的年輕冒險家們，將是維繫台灣現行生活方式的最好保證！

9 「我們一家訪問人：王偉忠與陸生聊天趣」，二〇一二年二月一日在緯來綜合台播出。

尾聲
這不是一條單行道

葉家興

我曾經不止一次想過，如果不是因緣際會從台灣到香港教書，如果從來不曾接觸、結識在香港的陸生，也許「陸生元年」對我只是一則普通新聞，很快就被其他潮水般的資訊擠壓到記憶邊緣。我未必有動力結合三個「七年級」「八〇後」的年輕人（黃重豪、賈士麟、藺桃）之力，促成本書的誕生。

但緣分已經開啟，就想盡自己棉薄之力，趁主流媒體還沒給陸生們貼滿標籤之前，讓台灣社會更好地認識這些年輕的冒險家。

在香港教書的時候，我喜歡觀察香港人稱的「內地生」。他們的口音，他們的遣詞用句，他們的飲食習慣、家庭背景……等等等等。和他們的交流中，我不斷修正對他們的印象，甚至慢慢拼湊出對未來中國的想像。轉眼十年有餘，我見證了內地生與本地生互動的轉變，有衝突，有過招，有互看不順眼，有不打不相識，更有相知相惜的朋友義氣，以及相愛相戀的纏綿悱惻。

而當我回到台灣，和朋友們談起對岸的年輕人，卻越加感到兩岸因漠然而陌生，因不瞭解而有越來越深的誤解。台灣是一個開放社會，我們沒有對臉書、推特的網路封鎖，人人網、微博也任我們註冊。但第一屆陸生來台，年輕人還在問大陸「有沒有超過十層的高樓？」「你們那邊有沒有捷運？」台生對陸生問了這麼多不經大腦思索的問題，說明孤島的自我封鎖，比高牆的政治封鎖更為驚悚。

在一個經濟成長低迷的社會，開放性會不斷弱化，取而代之是自我保護的封閉心態。而這種退縮，會更進一步造成惡性循環。我們越來越習慣只關注自己，任憑世界風浪起，與我何干。但在全球化的今天，沒有人能偏安一隅獨享桃花源。不僅對於中國大陸，對所有不同於台灣的社會，我們都有瞭解的必要。

台灣很多元，而人口、土地與經濟規模數十倍大的中國大陸，又何嘗不是如此？

多年來，我經歷、參與了兩岸三地各式各樣的學術、文化、經貿、科技交流活動。雖然大人們的往來仍然有很多官式語彙和外交辭令，但另一廂，新生代的互動卻充滿熱情、善意和真誠。這些來自異鄉的陸生，能否也給台灣帶來一些刺激，製造一些擾動，解放一些想像，挑起一些雄心，重新喚醒台灣新生代血液中隱藏的冒險基因？

只有自由的交流才能真正激盪出火花。像旅人遊客般走馬觀花，即使走遍全世界，恐怕仍是浮光掠影而已。台灣人去大陸，大部份也只在名山大川和一、二線城市做片刻停留，鮮有人經歷更多面向的體驗與思考。陸客來台，又豈不是如此？

兩岸融冰這麼多年來，看起來各種交流花樣繁多，令人眼花撩亂，涉及領域無所不包，但實則始終停留在國共兩黨框架下，民間缺乏對話，兩岸民眾也只能無奈的選擇性失明。開放陸生來台，則是在厚厚的壓力下開啟一條細縫，讓自由之風終於有了流動空間。陸生有機會在台灣深入生活，停留二至四年甚至更久。當他們的成長經驗和台灣的生活交相激盪，潛移默化的影響、改變就會發生。

至於這種影響、改變是否帶有某種傾向，是我們被赤化還是對方被同化，相信讀罷前面的章節，每個人心中應該已有答案。這些八〇後、九〇後的陸生，在網路世界長大，對事物有一定的獨到見解，絕非鐵幕下的白癡。他們渴望追求更美好的生活，嚮往民主自由、尋找美學典範、渴望道德參照、校正人情座標。他們是我們最好的朋友，最好的同志。

海峽依然洶湧，地理疆界仍在，成人世界仍然充滿政治猜忌與外交角力，但全球化的浪潮、網路的普及、流行文化的感染，使得在網路世界裡成長的一代，大大不同於他們的父祖輩。他們沒有戰爭的血腥記憶，沒有地緣政治的牽絆，有幸可以藉便捷的交通和網路，與不同成長背景的華人新生代接觸、交往、相知、甚至相戀。

不得不承認，我們四個作者是貪心的，想把每個陸生的故事完整呈現。但多樣而精彩的情結與情節，實在不容簡化，而且難以歸類。所以有些地方難免矛盾、冗雜、僵硬。即使如此，我們描述的只是第一屆陸生的故事，未來還有更多元的陸生到來，突破戶籍地限制、突破學校限制，大膽跨海而來。

當更豐富的面貌呈現在我們眼前，也許我們會幡然領悟，攬鏡一照，這一張張年輕冒險家的臉譜，就是你我的容顏，就在你我的臉上。

從他們各異的來台動機，到相似的赴台經歷，從他們在台的不同感受，及至面臨相同的現實困境，我們可以漸漸認知，這個出現在台灣社會的新群體。他們不僅有打破安樂現狀奔向未知的勇氣，也有面對困難、解決問題的行動力。但這本書並不只想講述陸生中的佼佼者、特立獨行者，同樣呈現了他們的局限。在台灣見到的人和事，經常給他們以啟迪。例如士林王家抗爭者的勇氣，讓陸生開始敢於捍衛自己的權利；守護樂生療養院的志工，讓陸生感到幫助他人的美好；大選過後的秩序井然，讓陸生見證一個尊重、包容、多元的共同體。揚棄偏見，才能互補有無。

但對於第一屆陸生而言，這條路的確不平坦。一年過去了，這條不平坦路的盡頭，是否有他們想要的風景？有人說每個陸生心中都有一座「圍城」，在他們的大陸同學、朋友看來，他們在人人網和微博上各種精彩的分享：美食、美景、友善溫柔的陌生人，像是生活在偶像劇裡，怎會不快活。但只有他們自己知道，赴台前的層層難關，登台後的種種不便，人生中第一次面對的身份焦慮，以及自然萌發卻又看不到未來的愛戀情感。所有困惑、迷思，都要靠自己慢慢摸索，尋找答案。冷暖酸甜，苦樂自知。正如台大國發所博士班的張可在臉書上的感慨：

陸生的悲劇在於，他們一切基礎性的權利和權益，竟然全部都命懸於兩岸關係，這樣一個既複雜又脆弱的大前提之下，雖然是民間的使徒，卻被捉摸不定的政治所左右，成為兩岸攻防當中的一張籌碼和手牌。從某種程度上，在一邊或許被視為未來民主自由的亂源而有所顧忌，而另一邊則受到黨派政治的羈絆裹足不前，這一條路註定坎坷……

僅有的自由，仍然被不明朗的政治陰霾籠罩。在此，我們由衷感謝所有接受訪問，願意讓我們記錄下故事的陸生。勇氣和坦誠讓他們的多元性和閃亮不會受到湮沒。我們願意相信，未來政策一定會鬆綁，自由的交流會吸引更多優秀的陸生來台。

台灣是個移民社會，我們是移民者的後代，我們的父祖原來就是冒險家。祖先們冒險犯難跨越黑水溝時，從來沒有認定這是一條單行道。因此今天政客們陳腐僵化的歷史觀、愚昧的政治虐兒想像，當然也不應蒙蔽和阻止下一代孩子的鴻鵠之志。

我們相信，渡海而來的先祖們的冒險血液，依舊在年輕一代身上流著。在海峽重開雙向交流的深層互動裡，他們將揚棄上一代的傲慢與偏見、激情與悲情，截長補短、互補有無，翻轉過去的不幸歷史，釋放新世紀「生物多樣性」的優秀潛能，以熱情、善意和真誠展開互動，組合嶄新與進步的新生代團隊。

我們希望幾百年來兩岸的不幸命運已經過去，在未來數十年中，無論是一個或多個國家、一種或多種護照，我們也可以像二次世界大戰後的歐洲人一樣，更為緊密地聯繫一起。不同顏色的護照，就像不同顏色的駕駛執照一樣，不會阻隔各地華人融合在未來的競爭年代，奮鬥打造自己的世紀。

Viewpoint 12　社會科學類　PF0108

陸生元年

作　　者 / 蘭桃、黃重豪、賈士麟、葉家興
責任編輯 / 鄭伊庭
圖文排版 / 陳姿廷
封面設計 / 蘇品銓
封面完稿 / 陳佩蓉

發 行 人 / 宋政坤
法律顧問 / 毛國樑　律師
出版發行 / 秀威資訊科技股份有限公司
114台北市內湖區瑞光路76巷65號1樓
電話：+886-2-2796-3638　傳真：+886-2-2796-1377
http://www.showwe.com.tw
劃撥帳號 / 19563868　戶名：秀威資訊科技股份有限公司
讀者服務信箱：service@showwe.com.tw
展售門市 / 國家書店（松江門市）
104台北市中山區松江路209號1樓
電話：+886-2-2518-0207　傳真：+886-2-2518-0778
網路訂購 / 秀威網路書店：http://www.bodbooks.com.tw
國家網路書店：http://www.govbooks.com.tw

2013年04月BOD一版
定價：320元

國家圖書館出版品預行編目

陸生元年 / 黃重豪等著. -- 一版. -- 台北市 : 秀威資訊科技, 2013.04

面； 公分. -- (社會科學類 ; PF0108)

BOD版

ISBN 978-986-326-066-0(平裝)

1. 留學生 2. 兩岸交流 3. 留學教育 4. 台灣

529.2733 102001545

讀者回函卡

感謝您購買本書，為提升服務品質，請填妥以下資料，將讀者回函卡直接寄回或傳真本公司，收到您的寶貴意見後，我們會收藏記錄及檢討，謝謝！如您需要了解本公司最新出版書目、購書優惠或企劃活動，歡迎您上網查詢或下載相關資料：http:// www.showwe.com.tw

您購買的書名：________________________________

出生日期：________年________月________日

學歷：□高中（含）以下　□大專　□研究所（含）以上

職業：□製造業　□金融業　□資訊業　□軍警　□傳播業　□自由業

□服務業　□公務員　□教職　□學生　□家管　□其它______

購書地點：□網路書店　□實體書店　□書展　□郵購　□贈閱　□其他

您從何得知本書的消息？

□網路書店　□實體書店　□網路搜尋　□電子報　□書訊　□雜誌

□傳播媒體　□親友推薦　□網站推薦　□部落格　□其他__________

您對本書的評價：（請填代號　1.非常滿意　2.滿意　3.尚可　4.再改進）

封面設計____　版面編排____　內容____　文／譯筆____　價格____

讀完書後您覺得：

□很有收穫　□有收穫　□收穫不多　□沒收穫

對我們的建議：________________________________

____

____

____

請貼
郵票

11466
台北市內湖區瑞光路 76 巷 65 號 1 樓

秀威資訊科技股份有限公司 收

BOD 數位出版事業部

（請沿線對折寄回，謝謝！）

姓　　名：＿＿＿＿＿＿＿＿　年齡：＿＿＿＿　性別：□女　□男

郵遞區號：□□□□□

地　　址：＿＿＿＿＿＿＿＿＿＿＿＿＿＿＿＿

聯絡電話：(日)＿＿＿＿＿＿＿＿　(夜)＿＿＿＿＿＿＿＿

E-mail：＿＿＿＿＿＿＿＿＿＿＿＿＿＿＿＿